KB164920

시 민 K 의 고 언

다음 대통령
프 로 젝 트

시민 K의 고언, 다음 대통령 프로젝트

초판 1쇄 발행 2022년 8월 10일

지은이 | 김재인 외
펴낸곳 | (주)태학사
등록 | 제406-2020-000008호
주소 | 경기도 파주시 광인사길 217
전화 | 031-955-7580
전송 | 031-955-0910
전자우편 | thspub@daum.net
홈페이지 | www.thaehaksa.com

편집 | 김선정 조윤형 여미숙
디자인 | 이영아
마케팅 | 김일신
경영지원 | 김영지

값 17,000원
ISBN 979-11-6810-084-8 03330

도서출판 날은 (주)태학사의 인문·에세이 브랜드입니다.

책임편집 김선정
디자인 김회량

시민 K의 고언,

다음 대통령
프 로 젝 트

김재인 외 지음

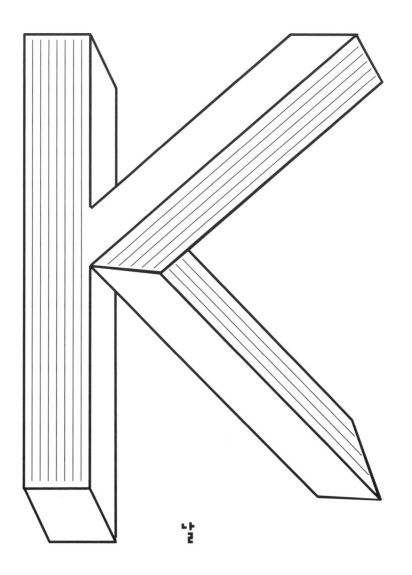

날

머리말

2022년 3월 실시한 대한민국 제20대 대통령선거 결과는 과거 어느 대통령선거와도 비교할 수 없는 놀라운 결과를 낳았다. 그리고 그 놀라움—그것이 정치적인 것이든 선거공학적인 것이든, 사회적인 것이든 문화적인 것이든, 아니면 인간에 대한 평가를 품은 모든 체제에 관한 것이든—은 이전 대통령선거와는 전혀 다른 과제를 시민들에게 안겨주었고, 그 과제를 풀어가는 과정에서 전개될 상황들은 향후 대한민국 민주주의를 전혀 다른 방향으로 이끌 것이다.

이 작은 책자는 왜 제20대 대통령선거가 이전 선거와는 다르며—좀 더 분명히 말하면 그 놀라움이 어디서 유래한 것인지—그 선거 결과가 대한민국 민주주의 역사에 어떠한 영향을 미칠 것인지를 살펴보기 위해 여러 사람의 공부와 전망을 담았다. 그리고 그 결과 우리 글쓴이 모두는 제21대 대통령선거 즈음에는 완전히 새로운 시대가 열릴 것이라는 결론에 도달했다.

그 결론은 옳거나 그른 시비(是非)론에 입각한 것일 수 없다. 인류 역사가 말해주듯 그 어떤 정치사회 체제도 그것을 운용하는 사람들에 따라 시비(是非)가 결정되지, 체제 자체가 옳거나 그를 수는 없기 때문이다.

결과적으로 이 책 끝머리에서 내릴 결론은 연역적이건 귀납적이건 필연적으로 구현될 수밖에 없다. 그러하기에 책 제목 "다음 대통령 프로젝트"가 탄생했다. 상식을 가진 시민이라면 다음 대통령 프로젝트를 지금부터 준비해야만 하기 때문이다.

준비하지 않고 맞는 변화를 혁명이라고 한다면, 준비하고 맞는 변화는 개혁이 될 것이다. 글쓴이 모두는 오히려 혁명을 기꺼이 맞이하고자 했다. 그러나 역사를 살펴보면 부작용을 수반하지 않은 혁명은 찾아보기 힘들다. 프랑스 대혁명이 그러했고, 동학농민혁명이 그러했으며, 쿠바 혁명도 그러했고, 러시아 사회주의 혁명 또한 그러했다. 그러니 혁명적 변화를 예측할 수만 있다면 그 변화를 준비함으로써 부작용 없는 개혁을 이룰 수 있을 것이다.

이 책은 그런 목적으로 탄생했다.

제20대 대통령선거에서 누구를 찍었건, 그리고 향후 다양한 선거에서 어떤 선택을 하건, 독자들이 조금이라도 나은 시대를 꿈꾼다면 이 작은 책자의 첫 쪽에서 마지막 쪽까지 살펴보기를 바란다. 우리 모두가 각자 위치한 자리에서 무엇을 해야 할지, 무슨 일이 일어나거나 일어나야 할지 깨닫게 될 것이라고 믿기 때문이다.

불
가
사
의
한

사
건

제17~20대 대통령 당선인 직무 수행 전망
(당선 2주 이내 시점)

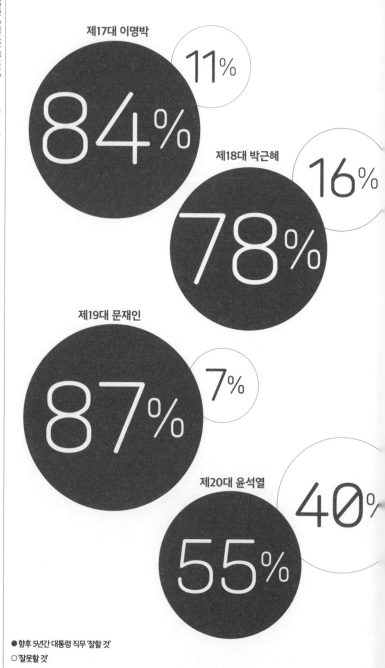

제17대 이명박
84%
11%

제18대 박근혜
78%
16%

제19대 문재인
87%
7%

제20대 윤석열
55%
40%

● 향후 5년간 대통령 직무 '잘할 것'
○ '잘못할 것'

대한민국은
정치적으로 앞서나가는
나라인가?

> 월소득 200만 원 미만 유권자의 61.3%가 윤석열 후보를 뽑았고, 월소득 600~700만 원 유권자의 61.7%가 이재명 후보를 선택했으며, 블루칼라의 53.9%가 엘리트 계급 출신의 윤 후보, 화이트칼라의 54.5%가 소년공 출신의 이 후보에게 지지를 보낸 이번 대선은 아무리 생각해도 불가사의하다(한국리서치, 3월 10~15일, 1,104명 조사).[1]

2022년 3월 실시한 대한민국 제20대 대통령선거는《르몽드 디플로마티크》에서 위의 글처럼 말하지 않았더라도 이전에 없었던 선거라는 측면에서 불가사의(不可思議)[2]하기에 많은 사람에게 놀라움을 안겨주었다.

왜 이전에 없었던 선거였을까?

대한민국 시민들은 세계 어느 나라 시민들보다 정치적 관심이 큰 것으로 추정된다. 정치적 관심의 강도나 크기를 측정할 수는 없기에 정량적으로 평가하기는 힘들지만 많은 전문가, 언론, 나아가 세계 여러 나라에서도 그런 평가를 보인다.

아마도 정치적 의제가 등장했을 때 대한민국 시민들이 보여주는 폭발적인 힘 때문일 것이다. 가까이는 박근혜 전 대통령 탄핵을 위한 촛불혁명부터 세계적인 민주화운동인 1987년 6·10항쟁, 1980년 5·18광주민중항쟁과 1960년 4·19혁명까지, 대한민국 현대사는 평화로운 선거보다는 시민의 열화(熱火)로 점철되었다고 해도 지나치지 않다. 그리고 그러한 사건이 누적되면서 세계인들은 대한민국 시민의 적극적인 정치적 의견 표출을 때로는 부러운 시선으로, 때로는 위험한 시선으로 바라보았다.

특히 우리를 둘러싼 주변국 상황을 보면 더욱 그러하다.

중국과 북한은 체제 성격상 반정부 시위 자체가 원천 봉쇄되어 있다. 그러니 그들 입장에서는 대한민국 시민들의 행동이 부러울 만도 하다. 2019년부터 이듬해에 걸쳐 전개된 홍콩 시위 참가 시민들이 본보기로 삼은 것 역시 대한민국 촛불혁명이었다는 것이 중론이다.

21세기에 보기 드물게 공산당이 합법적으로 활동하고 국회의원까지 배출할 만큼 자유로운 일본의 시민 활동가들도 대한민국 상황이 도무지 이해되지 않을 것이다. 정치 교육의

아베 신조의 외할아버지 기시 노부스케가 제2차 세계대전 전범으로
체포된 후 찍은 사진(1946년 3월 26일, 스가모 형무소). 그러나 그는 이후 일본
총리를 지내고 후손마저 다시 총리에 올리는 성과를 거둔다.

역사도 일천(日淺)할 뿐 아니라 일본보다 훨씬 억압적인 역
사를 가진 나라에서 어떻게 저런 시민의 힘이 분출될 수 있
는지 이해하기 힘들 것이다. 그리고 세계 어느 나라보다 대
한민국 상황이 부러울 것이다.

사실 일본의 정치적 상황은 한국 시민들도 선뜻 이해하기
어렵다. 제2차 세계대전 패전 이후 오늘날까지, 중간에 다른
당이 집권한 적이 두어 번 있었지만(그것도 1~3년에 불과했다)
70년이 넘게 한 정당이 집권한다는 것, 그것도 패전의 책임
자로 도쿄 전범(戰犯)재판에서 유죄를 선고받은 자[3]가 두 번
에 걸쳐 3년이 넘는 동안 총리를 지냈고, 그의 외손자가 일

본 역사상 최장수 총리를 지냈다는 것을 이해할 사람이 도대체 얼마나 될까. 그러니 일본의 진보 세력으로서는 일본이라는 나라에서 살아가는 것 자체가 고통일 것이다.

이러한 괴로움을 잘 표현한 이가 1994년 노벨문학상을 수상한 오에 겐자부로다. 그는 《말의 정의》라는 책에서 평생을 반핵(反核)·반전(反戰) 활동에 전념해온 자신의 삶을 담담하면서도 솔직하게 그려나가는데, 다른 활동가들에게도 자신이 필요하면 언제든 불러 사용하라며 이렇게 말한다.

> 저는 15년 후쯤이 인생의 절정기일 젊은 사람들에게 묻습니다. 그 세계의 평화는 핵을 포함한 폭력의 균형에 의해서일지, 국가 간의 불평등을 없애고 신뢰를 확립한 것에 의해서일지, 어느 쪽이 원리적이고 현실적이라고 생각합니까?[4]

민주적 시민의 힘이 강력하다는 대한민국에서도 하기 어려운 이야기를 당당히 하는 오에 겐자부로의 마음속은 어떠하겠는가. 게다가 그는 이른바 '평화헌법'이라 불리는 일본의 헌법 제9조[5]를 지키자는 모임에 빠짐없이 참여하고, 차별과 소외의 땅인 오키나와[6]의 아픔을 함께하며 널리 알려왔다. 또한 북한 핵무기를 빌미로 핵무장을 외치는 일본 정치인들 앞에서 핵무기 보유국이 먼저 핵을 폐기해야 한다는 주장을 굽히지 않고 있다. 그러니 오에 겐자부로가 한국의 정치문화를 부러워할 것은 묻지 않아도 알 수 있다.

　그렇다면 2022년 3월 실시한 대한민국 제20대 대통령선거는 왜 불가사의한 일일까?

2022년 대통령선거는
이렇게 달랐다

첫 출마에서 가장 높은 곳에 오른 후보

첫째, 세계적으로도 유례가 드문 일인데, 이전에 단 한 번도 선거라는 과정을 거친 적 없는 인물이 첫 출마에서 대통령에 당선된 것이다. 놀랍지 않은가? 현대에 접어들어 민주주의가 희화(戲畵)화되고 자본이 언론을 비롯해 나라 전체를 주무르면서 아무리 선거가 요식행위로 전락했다고 해도, 시민들은 선거 과정에서 후보의 경력과 신상, 능력을 검증하게 된다. 그런데 대한민국 역사상 최초로 그런 과정을 거치지 않은 인물에게 나라의 운명을 맡긴 것이다.

더욱이 대한민국은 대통령 중심제, 그것도 자타가 공인하는 제왕적 대통령제 국가다. 국가 최고지도자가 되는 데 아버지를 왕으로 둔 것 외에 어떤 자격도 필요치 않은 고려나 조선 같은 군주국에서도, 지도자에게 최소한의 능력을 부여하기 위해 오랜 기간 교육을 시켰다.[7] 그런데 그런 교육이나 경험을 갖추지 않은 인물에게 5천만 명의 운명을 맡긴 것이다.

동지에서 적으로

둘째, 정부 요직에 몸담고 있던 인물이 그 정부에 대항하는 위치로 정치적 적(籍)을 옮겨 출마한 것이다. 세계적으로 이러한 경우는 가끔 있다. 그러나 대부분 후진적인 나라에서 벌어지는 일이지 정치적으로 체계를 갖춘 나라에서는 일어나기 힘든 일이다. 해당 정부의 통치 철학에 공감하지 않는다면 입각하지 않을 것이기 때문이다. 물론 선거를 통해 선출된 경우는 좀 다르다. 예를 들면 대한민국 초대 부통령이었던 이시영(1869~1953)은 이승만 정부에서 부통령을 지냈지만, 1951년 이승만 정부의 전횡과 부패에 반대하는 성명을 발표한 후 부통령직을 사퇴하고 이듬해 이승만에 대항해 대통령선거에 출마한 바 있다.

　그러나 윤석열 후보는 이전 문재인 정부에서 검찰총장에 임명될 당시 정부가 검찰개혁에 전력을 기울이고 있다는 사실을 알고도 남았다. 연일 언론에서는 검찰개혁을 언급했고,

검찰 내에서도 새로운 정부의 검찰개혁 움직임에 우려와 기대를 나타내기도 했으니 말이다. 그러니 윤석열 후보가 검찰개혁에 대한 청사진 없이 검찰총장 임명을 수용했다면 그는 권력에 눈이 먼 인물이라는 증거이고, 검찰개혁이라는 정부의 소명을 알고도 임명된 후 그에 반기를 들었다면 그는 구밀복검(口蜜腹劍)을 꿈꾼 것이라고 할 수 있다.

이는 향후 대한민국 정부를 이끌어가는 이들에게는 큰 부담으로 작용할 사건이다. 이러한 행동을 통해 당선된 윤석열 대통령은 정부 요직에 인물을 등용할 때 능력보다는 자신의 수족이 되어줄 인물을 선택할 것이 명약관화하다. 자신을 임명한 정부에 등을 돌린 스스로가 누구보다 그 위험성을 잘 알 것이기 때문이다. 당연히 그는 첫 인사에서 자신이 가장 잘 아는 검찰 출신들을 정부 곳곳에 임명했으니, 이 정도는 특별한 정치적 식견이 없어도 예견할 수 있을 뿐 아니라 윤석열 정부의 미래도 충분히 추정할 수 있다. 윤석열 정부 내내 객관적으로 능력을 인정받은 인재 등용은 쉽지 않을 것이다. 만일 그러한 인물이 등용되기 위해서는 철저한 검증과 충성 서약이 필요할 것이다.

사생활 선거

셋째, 대한민국 사회는 서구 여러 나라와는 달리 지도자의 사생활에 큰 관심을 보여온 것이 사실이다. 민주적[8]인 과정을 거쳐 지도자를 선발하는 전통을 가진 서구 여러 나라가 지도자의 사생활은 그들 개인의 몫으로 치부할 뿐 특별한 범죄를 저지르지 않는 한 그의 능력에 초점을 맞추는 것과 달리, '윤리'라는 울타리는 오늘을 사는 한국인의 근저에 자리하고 있는 게 분명하다.

제 장인은 좌익 활동을 하다가 돌아가셨습니다. 제가 결혼하기 훨씬 전에 돌아가셨는데, 저는 이 사실을 알고 제 아내와 결혼했습니다. 그리고 아이들 잘 키우고 지금까지 서로 사랑하면서 잘살고 있습니다. 뭐가 잘못됐습니까? 이런 아내를 제가 버려야 합니까? 그렇게 하면 대통령 자격이 있고, 이 아내를 그대로 사랑하면 대통령 자격이 없다는 것입니까? 여러분, 이 자리에서 여러분께서 심판해주십시오. 여러분이 그런 아내를 가지고 있는 사람은 대통령 자격이 없다고 판단하신다면 저 대통령 후보 그만두겠습니다. 여러분이 하라고 하면 열심히 하겠습니다.[9]

대한민국 역사에 길이 남을 노무현 전 대통령의 위 연설은 놀랍게도 대북 강경 세력이 진보 세력에 가한 공격에 대한 반격으로 나온 것이 아니었다. 대북 정책에서 평화적 접근법을 취하는 같은 민주당 내에서 가한 공격에 대한 반격이었다. 그만큼 대한민국 지도자는 사생활 측면의 공격을 훨씬 아프게 여기는 전통이 있는데, 그 아픔은 평범한 유권자들의 정서에서 기인한 것이다.

그런데 갈수록 '황색저널리즘'[10] 수준으로 추락하고 있는 언론 탓에 2022년 대선은 아예 사생활 선거가 되었다. 두 유력 후보 모두 사생활 측면에서 많은 문제를 안고 있는 역대급 '비호감 선거'라며 언론은 연일 대서특필했다.

독자 포퓰리즘을 지향하는 대한민국 언론으로서는 향후 5년간 나라를 이끌어갈 인물의 정책 분석보다는 사생활이 다루기 좋은 재료일 뿐 아니라, 양비론으로 접근하면 어떤 위험도 질 필요가 없었다. 사실 말로만 정론직필(正論直筆)이니 불편부당(不偏不黨) 같은 구호를 내세우는 대한민국 언론은 늘 양비론의 간판 뒤에서 독자 포퓰리즘에 기반한 기사로 매춘하고, 은밀한 편애작당(偏愛作黨)을 통해 사주의 이익을 챙긴다. 그런 작태를 이번 선거에서도 행했고, 급기야 단한 번도 행정 경험을 해보지 못한 검찰총장 출신 후보와 대한민국 최대 지방자치단체장을 지낸 후보 사이의 정책 비교는 자취를 감추었다.

결국 2022년 대선에서 유권자의 선택 기준은 오직 후보의 사생활이었다. 정책 측면에서 큰 차이를 지닌 여러 후보의 능력 비교에 중점을 두면 자사가 지지하는 후보 당선에 득이 안 된다고 여긴 많은 언론은 후보들의 사생활에 독자의 관심을 유도했고, 철저한 양비론을 내세우며 선거 자체의 가치를 떨어뜨리고자 했다.

이러한 언론과 유권자의 정서를 이용하기로 한 윤석열 후보 진영에서는 노골적으로 정책 선거를 무시했다. 대선 후보 토론회에서 국가적 의제에 대한 질문을 받은 윤 후보는 대놓고 "글쎄요. 모르겠습니다. 한번 설명해주시죠" 하는 답변을 부끄러움 없이 던지는 행동을 여러 번 반복했다. 어차피 대통령은 국가 운영 능력으로 평가받는 것이 아니라는 자신감의 발로였다.

결국 대통령이 선출된 후 당선자를 선택한 이들에게는 실체 없는 희망이, 낙선자를 선택한 이들에게는 절망조차 사치인 무의미만이 남았다. 그리하여 선거가 끝난 후 윤석열 당선인에 대한 지지도는 역대 어느 대통령 당선자에게도 미치지 못했다.[11] 당선자를 선택한 이유는 낙선자가 싫어서였고, 낙선자를 선택한 이유 역시 당선자가 싫어서였다.

노골적인 편가르기

넷째, 선거에서 부정적인 요소[12]를 활용하는 것은 전 세계 공통적인 현상이다(물론 그럴 경우에도 대부분 은밀하게 시행한다). 대한민국에서도 그런 사례는 여러 번 있었다. 그러나 이를 공개적으로 활용한 경우는 없었다. 선거 승리를 위해 부정적인 요소를 활용하는 것은 떳떳한 행동이 아닐 뿐 아니라 나라의 미래를 위해서도 좋지 않다는 인식이 널리 퍼져 있기 때문이다.

그런데 2022년 대선에서는 노골적으로 부정적인 요소를 활용했다. 그 가운데서도 가장 좋지 못한 편가르기를 채택했고, 이러한 전술이 공당(公黨)의 공식적인 선거운동으로 자리했다.

대한민국 대통령선거에서 편가르기를 활용한 역사는 오래되었다. 초대 대통령 이승만은 반대편을 공산분자로 몰았는데, 그는 집권 기간 내내 반대편에 대한 부정적 편가르기를 그치지 않았다. 그 과정에서 자신의 가장 강력한 정적인 조봉암을 사형에 처하는 만행을 저지르기도 했다. 그의 행동은 매우 직설적이었는데, 1950년 5월 30일 실시 예정인 총선거를 앞두고 대통령으로서 발표한 다음 내용을 보면 그 정도를 알 수 있다.

(…) 공산분자들이 절대로 피선될 가망성이 없으면 저들의 동정자라도 내세우려고 하며, 그것도 여의치 못하면 저희들에게 동정은 아니 할지라도 민주 정부에 대하여 불충한 비평과 시비를 일삼는 불평분자들을 후원해서 민국 정부를 어렵게 만드는 것만을 목적하고 내면으로 재정을 써가며 모든 활동을 꾀하고 있으니, 일반 남녀 투표자들은 이 내용을 밝히 판단해서 후보자들의 사상과 주의가 무엇인 것을 묻기 전에 우선 정치상 관념과 정당 관계를 확실히 분별하는 동시에 과거의 행적을 보아 민주 정부를 반대하거나 민국 정체에 항거하는 등 사실이 있는 사람은 그 의도가 완전히 변해서 민국 정부를 확실히 지지하려는 성심을 보기 전에는 투표를 재삼 고려해야 할 것이다.[13]

한마디로 이승만의 여당에 반대하는 사람은 국회의원으로 뽑지 말라는 말을 돌려서 하고 있음을 쉽게 알 수 있다. 물론 이 발언 직후 한국전쟁이 발발했으니 오비이락(烏飛梨落)이라고 할 수도 있고, 의도적인 것이라고도 할 수 있겠지만, 결과적으로 대한민국에서는 이른바 '빨갱이'와 '자유민주주의자'의 편가르기가 시작되었다.

두 번째 편가르기는 제5대에서 제9대에 이르는 아주 긴 기간 대통령을 지낸 박정희의 몫이었다. 사실 그는 첫 번째

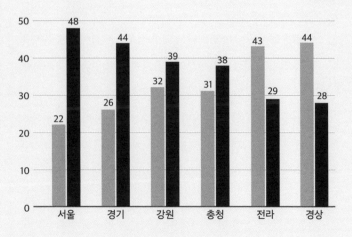

박정희 VS 윤보선 제5대 대통령선거 시도별 지지율(%)

■ 박정희
■ 윤보선

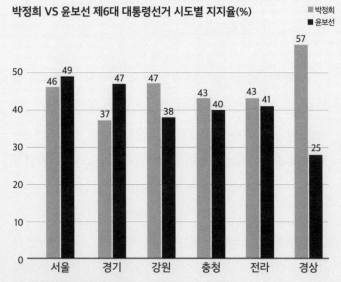

박정희 VS 윤보선 제6대 대통령선거 시도별 지지율(%)

■ 박정희
■ 윤보선

*제5대 대선은 1963년 10월 15일, 제6대 대선은 1967년 5월 3일 실시했다.
*군소 후보 득표율은 표기하지 않았다.
*부산은 경상에 포함하고, 제주는 호남에 포함했다.

제5대 대통령선거에서 박정희가 호남 지역의 전폭적인 지지를 받아 당선된 것을 볼 수 있다. 그러나 제6대 대통령선거 결과를 보면 이때부터 영남 지역의 박정희 쏠림 현상이 드러남을 알 수 있다.

대권 도전인 제5대 대통령선거에서 호남 지역의 전폭적인 지지를 받아 당선되었다. 전국에서 그가 승리한 지역은 호남과 영남(부산 포함), 제주가 전부였다. 특히 수도권에서는 압도적으로 패배했다. 따라서 오늘날 "우리가 남이가?"로 대표되는 지역감정의 원조는 호남이 아님을 알 수 있다.

우리는 지금 지역감정의 원조가 누구인가, 그리고 그 '나쁜' 감정을 누가 야기했는가를 묻는 것이 아니다. 사실을 말하자면 세계 대부분 나라 선거에서 이른바 '지역 차이' 현상이 나타난다. 당연한 것이다. 문화가 다르고, 정치 환경과 경제 상황이 다르며, 지리적 조건이 다른 지역 주민들이 선호하는 정치적 성격이 다른 것이 무엇이 문제인가. 그런데 우리는 유독 그 지역적 특성을 '지역감정'이라고 부른다. '지역 차이'와 '지역감정'이라는 두 단어가 주는 느낌이 어떤가. 결국 두 표현 가운데 어느 것을 사용하느냐는 권력과 결탁한 주류 언론, 그리고 집권층의 의도에 따라 결정된다.

우리나라에서 '지역감정'이라는 단어가 처음 등장한 것은 1971년 제7대 대통령선거 때다. 당시 《동아일보》 기사를 보자.

이 같은 말단조직망을 통한 **지연**(地緣)**의식**의 자극과 함께 후보 외의 찬조연사들은 은근히 **지역감정**을 북돋우기도 했는데, 공화당의 경우 이 같은 경향은 더욱 심한 듯했다.

중진반 연사로 유세를 벌인 이효상 국회의장은 영남 지방 유세에서는 '경상도 의식'을 유달리 강조, **지역의식**을 고취했으며, 어떤 연사는 영남 지방에서는 진한 경상도 사투리를 사용, 친근감을 일으키게 하는가 하면, 호남 지방에서는 되도록 표준말을 써서 언어에서 오는 반감을 사지 않으려고 애를 쓰기도 했다.

(…) **지연의식**을 교묘히 이용, 유권자들에게 침투해 들어간 방법은 민족의 이름으로 지탄을 받아 마땅하지만, 그들이 노린 효과 면에서는 일단 성공한 것 같았다. 신민당의 경우 호남에서도 그러했지만 특히 공화당의 경우, 찬조연사들이 경상도 지역에서 **지역의식**을 불러일으키는 발언과 말단조직 선전요원들의 **지역의식** 고취는 이 지방 유권자들에게 큰 영향을 끼친 것 같다.[14]

고려와 조선에서도 지역적 차이나 지역의식이 부정적으로 작동한 경우가 없지 않다. 그러나 권력 획득을 목적으로 특정 지역을 의도적으로 비난하거나 지역을 내세워 결집하는 일은 처음 있는 일이었을 것이다.[15] 오늘날 정치·사회적으로 사용하는 가장 흔한 표현 가운데 하나인 '지역감정'이 1971년 당시 '지역의식', '지연의식', '지역감정' 등으로 표현

된 것만 보더라도 '지역감정'이라는 것이 1971년 대통령선거를 기점으로 표면화되었음을 알 수 있다. 그런데도 지역감정을 아주 오래전부터 존재하던 것으로 묵인하는 언론이나 정치인이 있다면, 그는 지역감정으로부터 이득을 얻고 있다고 감히 단언할 수 있다.

그런데 2022년 대선에서는 새로운 편가르기를 시도하는 일대 사건이 발생한다. 멋진(?) 용어로는 정치공학적으로, 솔직한 표현으로는 나라나 사회야 어떻게 되든 간에 선거에서는 승리하는 것만이 가치요, 패배하면 아무것도 없다는 현실적 목적을 위해서 말이다. '일대 사건'이라고 표현하는 것은 이렇게 한번 표출된 편가르기 프레임은 웬만해서는 사라지지 않기 때문이다. 그러니 처음에는 갓난아기로 탄생했다 해도 권력을 노리는 누군가에게 이익이 된다면 이후 괴물로 사용될 것이 뻔하다. 마치 지킬 박사가 창조한 하이드 씨처럼 말이다.

편가르기가 나라와 사회의, 더 엄숙하게 말한다면 문명의 발전에 도움 되는 경우가 있을까? 결단코 없다. 그러기에 지역감정을 이용하는 자들도 암묵적으로 이용할 뿐 노골적으로 이용하지는 않는 것이다. 그런데 이번 선거에서는 분명하고 단호하게 노골적인 편가르기를 시도했고, 결국 권력을 쟁취했다는 점에서 성공했다. 바로 남성과 여성의 편가르기다.

윤석열 후보는 오직 페미니즘을 내걸고 이런저런 선거에 출마했던 신지예를 대선 캠프에 영입하는 파격을 선보였는데, 캠프 안팎의 요란스런 논란 끝에 그녀는 불과 10여 일 만에 캠프에서 사퇴한다. 그 후 4일 만에 윤석열 후보는 자신의 SNS에 다음과 같은 문구를 게시한다.

페미니즘 기치를 내세운 이를 영입한 지 불과 보름여 만에 갑자기 여성을 적으로 돌리는 공약을 내건 것이다. 결국 그 또는 그가 속한 캠프를 이끄는 정책 담당자들은 여성과 페미니즘이 득표에 도움이 되느냐 안 되느냐만 따질 뿐, 진정으로 나라와 사회에 도움이 되는 여성 정책에 대해서는 애초부터 관심이 없었다고 보아도 무방하다.

그 결과 대한민국 사회는 좌-우, 영남-호남, 청장년-노년이라는 편가르기에 더해 남-여의 성별(性別) 편가르기까지 이루어지게 되었다. 실제로 2022년 대선이 끝나고 3개월도 채 안 돼 실시한 6·1지방선거에서는 남녀의 편가르기가 3개월 전보다 훨씬 강하게 작동했다.

이 대표는 이번 20대 대선 과정에서 이른바 '20대 남녀 갈라 치기'라고 비판받은 데 관해선 "21대 총선을 놓고 기준으로 봤을 때는 20대 남성에서도 20대 여성에서도, 30대 남성, 여성 모든 세대, 모든 성별에 있어서 표의 확장이 이뤄졌다"면서 "지금 와서 그런 것에 대해서 다른 평가를 한다는 것은 그냥 사무적으로 말하기 좋아하는 사람들이 하는 이야기"라고 반박했다.

(…) 이 대표와 달리 김종인 전 총괄선거대책위원장은 여가부 폐지에 신중한 의견을 냈다.

김 전 위원장은 "젠더 갈등 문제라는 것이 표심을 완전히 양쪽으로 갈라놓지 않았나?"고 물으며 "이대남(20대 남성)은 지금 당선자 쪽으로 표를 던졌고, 이대녀(20대 여성)는 이재명 씨 쪽으로 표를 던지고 이런 갈등 구조를 가지고 있는데, 무조건 여가부를 폐지하면 그 갈등 구조를 촉진할 가능성이 있다"고 분석했다.

그는 이 대표를 향한 당내 비판에 대해선 "윤석열 후보가 당선되는 데 결정적인 기여를 한 공로가 더 크다"면서 "다소 갈라치기니 이런 비난도 있지만 실질적으로 그런 비난이란 것은 묵살해버릴 수도 있지 않을까 생각한다"고 했다.

한편, 앞서 한국여성단체연합은 지난 10일 논평을 통해 윤석열 대통령 당선인에게 여성가족부 폐지 공약과 성범죄 무고죄 처벌 강화 등 공약을 폐기하라고 촉구했다. 이들은 "선거 기간 국민의힘과 (윤석열) 당선인은 혐오 선동, '젠더 갈등'이라는 퇴행적이고 허구적인 프레임을 선거 캠페인에 적극적으로 이용하며 많은 국민을 실망시켰다"고 지적했다.[16]

위의 기사에도 등장하지만 '갈라치기'라는 비난쯤은 선거에서 이긴 결과를 가져왔으니 묵살해버릴 수도 있다는 것이 2022년 새로 선출된 정부의 인식임을 알 수 있다.

이러한 편가르기의 역사를 살펴보면 대한민국에서 대통령이 된다는 것에 대한 근본적인 질문을 던지지 않을 수 없다.

"도대체 대한민국에서 대통령이 되겠다는 자들의 목표는 무엇인가?"

물론 대통령이 되겠다는 이들이 취임식장에서 선서하듯이 '조국의 평화적 통일과 국민의 자유와 복리의 증진 및 민족문화의 창달에 노력'할 것이라고 믿는 시민은 별로 없을 것이다. 그러나 적어도 자신의 대통령직을 위해서라면 사회 갈라치기와 성차별 행동도 불사할 것이라고 대놓고 말한 자는 없었다. 불법행위로 법적 심판을 받아 이제는 전직 대통령으로서의 지위를 상실한 전두환, 노태우, 이명박, 박근혜조차 언론에 대놓고 자신의 흑심(黑心)을 드러낸 적은 없었다. 어둠 속에서는 그보다 더한 야심을 품고 있을지라도 언론에서는 국민 통합과 지역갈등 해소를 말했다.

그런데 그 금기가 깨진 것이다.

앞에서 살펴본 네 가지 요소, 즉 단 한 번도 국민의 선택에 임한 적이 없는 후보가 처음 출마한 선거에서 승리했다는 점, 정부 요직에 있던 이가 자신이 몸담은 정부를 상대로 반기를 들고 대항했다는 점, 사생활 요인이 선거의 거의 모든 부분을 차지했다는 점, 마지막으로 국민을 대상으로 선거 승리를 위해 노골적인 편가르기를 활용했다는 점에서 제20대 대한민국 대통령선거는 유례가 없는 불가사의한 역사가 되었다.

그렇다면 왜 이러한 역사가 탄생한 것일까?

대한민국 진보는 ——————————————

왜 이기고, 왜 지는가?

제20대 대통령선거 20대 성별 지지율

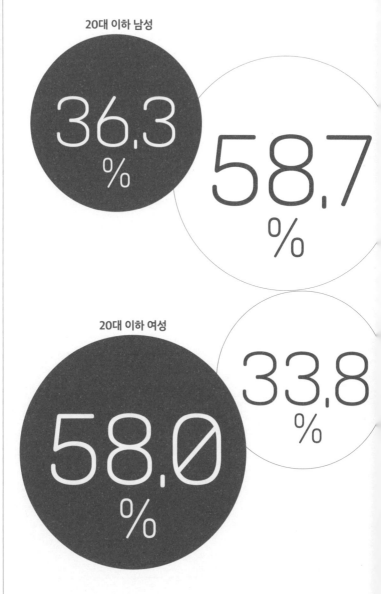

20대 이하 남성 36.3% 58.7%

20대 이하 여성 58.0% 33.8%

● 이재명
○ 윤석열

민주주의 체제에서
정권 교체는
당연한 일인가?

이러한 논의는 우리가 머릿속에 특별히 떠올리지 않는 다음 무의식에 기반하고 있다.

'민주주의 체제에서는 정권 교체가 당연하다.'

그러니 시민들이 지도자를 선택하는 민주주의 체제에서 보수 세력이 집권했다가 진보 세력이 집권하는 일은 사실 특별한 일이 아닐 수도 있다. 우리가 민주주의의 요람이라고 여기는 서양 여러 나라만 해도 보수와 진보 사이에 끊임없이 정권 교체가 이루어지고 있으니 우리 머릿속의 무의식이 옳을지도 모른다.

그러나 동양을 살펴보면 이야기가 조금 달라진다.

동양 각국 상황을 반추해보면 정권 교체가 평화적으로 이루어진 나라가 몇 안 된다는 사실을 확인할 수 있다. 게다가 그러한 나라조차 대부분 보수 세력 내에서 정권 교체가 이루어질 뿐 근본적으로 다른 세력이 정권을 확보하는 경우는 극히 드물다.

중동 지역은 말할 것도 없고 중앙아시아 지역도 오랜 기간 권위주의 정권이 유지되거나 유지되고 있다. 동남아시아 역시 평화적인 정권 교체가 이루어진다는 뉴스를 찾아보기 어려운 지역이다.

아시아에서는 드물게 정치적 격변을 별로 겪지 않은 말레이시아나 인도 역시 속내를 살펴보면 썩 다르지 않다. 두 나라가 정치적 격변을 보이지 않은 것은 두 나라 모두 의원내각제를 채택하고 있기 때문일 것이다. 물론 군부 쿠데타가 빈발했던 태국 역시 의원내각제를 채택하고 있으니, 의원내각제를 채택한다고 해서 정치적 격변이 없다는 것은 아니다. 다만 의원내각제는 한 사람의 대통령이 모든 권력을 장악하는 대통령제에 비하면 더 많은 시민의 의견이 반영될 수 있다는 장점이 있는 것은 사실이다. 그런데도 말레이시아에서는 '국민전선'이라는 한 정파가 60년 넘게 집권해 세계 최장수 집권 기록을 세우기도 했다. 집권 세력의 성격이라는 측면에서 보면 인도 독립 후 장기 집권을 하다가 21세기에 들어와 인도인민당에 정권을 넘긴 '국민회의'만이 진보 세력이라고 할 만하다. 베트남, 중국, 북한 등 사회주의를 표방하는 나라를 제외하고 말이다. 가장 서구적인 민주주의 체제라고 할 수 있는 일본조차 제2차 세계대전 이후 거의 70년 동안 실질적으로 자민당 1당 체제가 유지될 정도다. 그러니 아시아에 서양식 민주주의가 합리적으로 운용되는 것은 그만큼 어려운 일임을 실감할 수 있다.

아시아에서만이 아니다. 아프리카에서도 서양식 민주주의는 고전을 면치 못하고 있으며, 중남미에서도 여전히 불안한 방식으로 인식되고 있다. 2022년 6월, 미국과 가장 밀접한 관계를 맺어온 콜롬비아에서 진보 세력 출신 대통령이 당선되자 세계가 주목한 것 역시 중남미에 진보정치의 흑역사가 존재하기 때문이다. 중남미는 역사적으로 미국의 세력권으로 인식돼왔다. 그러하기에 20세기 후반 중남미에서 진보 세력이 합법적으로 정권을 획득하자 미국 정부가 합법 정부를 전복시키고 군부 세력을 지원하는 등 자신들의 기득권을 유지하기 위해 온갖 불법을 자행한 것은 주지의 사실이다.[17]

결국 21세기가 출범한 지 20년이 지난 오늘날까지 서양식 민주주의는 명칭뿐만 아니라 실질적으로도 서양에서나 가능한 제도로 여기는 분위기가 강하다. 이러한 분위기는 대한민국이라고 해서 다르지 않았다.

대한민국
보수는 가만있으면
승리한다

대한민국 대통령의 계보와 이념적 위치는 다음과 같다.

1대	이승만	보수
2대	이승만	보수
3대	이승만	보수
4대	윤보선	
5대	박정희	보수
6대	박정희	보수
7대	박정희	보수
8대	박정희	보수
9대	박정희	보수
10대	최규하	보수
11대	전두환	보수
12대	전두환	보수

13대   노태우   보수

14대   김영삼   보수

15대   김대중   진보

16대   노무현   진보

17대   이명박   보수

18대   박근혜   보수

19대   문재인   진보

20대   윤석열   보수

4·19혁명으로 이승만 정권이 붕괴한 후 국회 간접선거에서 당선된 윤보선은 1960년 8월부터 1962년 3월까지 대통령을 지냈다. 그러나 1961년 5월 16일 쿠데타로 박정희가 정권을 찬탈한 후로는 허수아비 대통령으로 지냈으니 실제 재임 기간은 1년도 되지 않는다. 따라서 그가 보수파인지 진보파인지 알 수도 없고 관심을 갖는 시민도 없다.

위의 분류를 보면 알 수 있듯 초대 대통령 이승만부터 제14대 김영삼 대통령에 이르기까지 보수 대통령이 권좌에 자리했다. 그리고 이는 대통령이 특정 이념을 추구했다는 의미가 아니라, 대한민국 권력 지형에 변화가 없었다는 보다 광의의 뜻을 갖는다. 50년 가까이 뿌리가 같은 정치 세력이 대한민국 권력을 소유한 것이다. 이는 자민당이 70년 가까이 권력을 소유한 일본과 썩 다르지 않았다.

그런데 1997년 12월, 대한민국 역사가 완전히 바뀌는 사건이 발생한다. 바로 김대중의 대통령 당선이다. 세계가 감탄하고 대한민국 시민 스스로도 놀란 사건인 김대중 당선은, 50년 장기 집권을 평화적인 선거를 통해 끝낸 지구상 드문 사건이었다(유일한 사건이라고는 할 수 없다. 예를 들면 남아프리카 공화국 역시 넬슨 만델라가 선거를 통해 집권했으니까).

김대중의 대통령 당선에 대해서는 여러 평가가 있다. 박정희 쿠데타 세력인 김종필과의 연합을 통한 집권이기 때문에 반쪽짜리 승리라는 평가가 대표적이다. 그러나 제왕적 대통령제를 채택한 대한민국에서 대통령이 되면 그것으로 끝이다.

김대중 당선은 그가 단연 불세출의 인물이었기 때문이다. 그는 대한민국보다 세계가 더 인정하는 보기 드문 인물이다. 대부분 위인이라는 존재는 모국에서 인정받은 후 그 명성이 세계로 향하는 데 비해, 김대중은 모국 대한민국에서는 반쪽짜리 인정이어서 나머지 절반 시민들로부터는 오늘날까지도 온갖 비난을 피하지 못한다. 반면 세계는 그를 위대한 인물로 인정해 2000년 노벨평화상을 수여하기에 이른다. 물론 노벨평화상을 수상했기 때문에 그가 뛰어난 인물이라는 것은 아니다. 그렇다고 해도 자국의 노벨상 후보에 대해 국내에서 온갖 비난을 퍼부은 경우는 일찍이 듣지 못했다.

세계 언론은 김대중의 노벨평화상 수상을 크게 보도했다. 일본 《요미우리 신문》은 호외를 발행했다. 《워싱턴 포스트》는 사설에서 김대중의 수상을 '아시아 민주주의의 승리'로 다루었다. "김대중 씨는 자유와 민주주의가 인종·지역·문화를 떠나 인류 보편의 가치이자 소망이라는 것을 입증했다." 미국 대통령 클린턴도 전화로 김대중의 수상을 축하했다. "이 세상에서 대통령님만큼 이 상을 받을 만한 사람은 없다고 생각합니다." 넬슨 만델라도 축하 전화를 했다. "불굴의 의지로 고난을 극복하고 민주주의와 평화를 위해 노력하는 것을 보면서 깊은 감명과 존경심을 느끼고 있습니다." 10월 20일 서울에서 열린 아셈(아시아·유럽정상회의)에서도 각국 정상들은 김대중의 수상을 축하했다.

반면에 국내 일부의 반응은 싸늘했다. "야당과 보수 언론에서 노벨평화상 수상을 반대했어요. 야당 지지자들이 노르웨이에까지 반대 편지를 보냈고요. 수상이 결정된 뒤에도 노벨상을 받으려고 돈으로 로비를 했다는 말을 퍼뜨리기도 하고, 나라가 어려운데 시상식에 참석해선 안 된다는 주장을 하기도 했고요. 수십 년 동안 당한 일이었지만 그래도 그런 일을 겪으니 가슴이 아팠지요."

노벨상 수상자 발표 뒤 선정위원장 베르예는 언론 인터뷰에서, 노벨상 수상 로비가 있었느냐는 질문에 "노벨상을 받으려는 로비가 아니라 노벨상을 주지 말라는 로비가 있었다"고 밝혔다. 베르예는 "노벨평화상이 로비로 받아낼 수 있는 상이라면, 과연 그 상이 세계 제일의 평화상으로 가치를 인정받을 수 있다고 생각하는 것인지 그 사람들에게 묻고 싶다"고 불쾌감을 감추지 않았다. 스웨덴과 노르웨이 한국 동포들은 인터넷에 글을 올려 현지 분위기를 전했다. "이후로 한국인들은 노벨상을 받을 수 없을 것이다. 스웨덴 한림원이 한국이라면 넌더리를 내고 있다." 노르웨이 현지 신문은 수상자 선정과 관련해 "과거에는 이런저런 자격 시비가 있었지만 김대중 대통령은 단 한 건의 반대 의견도 없었다"고 보도했다.[18]

반대파라고 해도 김대중이 역대 대한민국 대통령 가운데 가장 뛰어난 정책적 능력을 갖추었다는 사실은 인정해야 마땅하다. 1960년대부터 남북통일안을 구상했다거나 박정희의 영구집권 획책을 예견한 일 등은 그의 정치적 깊이를 보여주는 대표적인 사례라 할 만하다. 그러나 대한민국 보수세력은 이런 평가를 하지 않는다. 그러하기에 대한민국에는 보수파는 없고 수구파만 있다는 비아냥이 나오는 것이다.

그렇지만 수구파만 있다는 비아냥은 비단 보수 세력에만 피해를 주는 것이 아니다. 잘 알려진 대로 리영희의 "새는 좌우 양 날개로 난다"라는 말은 대한민국 보수(수구)의 수준 이하 행태가 곧 진보 세력의 능력에도 영향을 미친다는 단순한 명제를 보여준다. 뒤에서 살펴보겠지만 대한민국 보수는 수구에 가깝고, 그에 따라 진보 역시 제대로 된 진보 세력이라고 할 수 없는 참담한 상황을 맞은 것이다.

김대중은 대한민국 정치가 낳은 불후의 인물이었지만, 역설적이게도 그가 대통령 당선이라는 성과를 거둘 수 있었던 가장 큰 요인은 이른바 보수 세력의 '삽질' 때문이었다. 그가

제15대 대통령선거 결과

후보	정당	득표	득표율
김대중	새정치국민회의	10,326,275표	40.27%
이회창	한나라당	9,935,718표	38.75%
이인제	국민신당	4,925,591표	19.20%
권영길	건설국민승리21	306,026표	1.19%
신정일	통일한국당	61,056표	0.23%
김한식	바른정치연합	48,717표	0.18%
허경영	공화당	39,055표	0.15%
합계		26,042,633표 (무효표: 400,195표)	

*유권자 수: 32,290,416명/ 투표율: 80.7%

대통령에 당선될 무렵 대한민국은 건국 이래 최악의 경제적 상황인 IMF발 경제위기를 맞이하고 있었다. 나라 곳간은 텅 비고, 기업의 줄도산, 시민들의 실업이 극에 달한 시기였다. 그런 상황에서도 대한민국 유권자들은 위의 표와 같은 선택을 했다.

이 결과를 놓고 보면 김대중의 능력이 대통령 당선이라는 결과를 만들었다기보다는 보수 세력이 이회창과 이인제로 양분되었다는 점, 다른 한편으로는 보수 원류 출신인 김종 필과의 연대 덕분이었다고 볼 수 있다. 이른바 양당 체제인 대한민국에서 나라의 곳간을 거덜 내고 기업과 시민들을 절망의 구렁텅이로 몰아넣은 보수 집권 세력이 양분되었는데, 그것도 모자라 집권 세력과 같은 계열인 김종필과의 연대를 통해서야 겨우 1.5%포인트 차이로 정권 교체가 이루어졌다는 것은 무엇을 뜻할까?

이는 대한민국에서 적어도 20세기까지는 어떤 진보 세력도 정권을 획득할 수 없었다는 반증이다. 이러한 사실은 역사가 증명하고 있을 뿐 아니라 제15대 대통령선거 결과가 증명하고 있다. 50년 동안 집권해온 보수 세력의 후계인 한나라당은 나라를 팔아먹지 않는 한 정권을 빼앗길 수 없다는 말이다. 마치 일본에서 자민당이 무슨 짓을 해도 지속적으로 정권을 유지할 수 있는 것처럼.

바꿔 말하면, 대한민국 보수 세력은 가만있으면 정권을 영원히 유지할 수 있다. 사실이 그렇다. 제15대 대통령선거를 보더라도, 보수 세력이 분열되었더라도 한나라당 이회창이 당선될 수 있었다. 또는 김대중이 보수 세력의 다른 한 축인 김종필과 연대했다 해도 다른 보수 세력이 분열되지 않았다면 이회창이 당선될 수 있었다. 결국 보수 세력의 분열과 또 다른 보수 세력과의 연대라는 교집합이 이루어지고서야 비로소 김대중이라고 하는, 세계가 인정하는 인물이 가까스로 대통령에 당선될 수 있었던 것이다.

이럴 가능성이 몇 퍼센트나 되겠는가? 그리고 향후 이러한 정치 지형이 또 가능하겠는가? 그러니 김대중이 대통령에 당선된 것은 대한민국 정치 지형으로 보자면 진보 세력의 승리가 아니라 선거 전략의 승리였던 셈이다. 그만큼 진보 세력이 집권하기까지는 기적이 동반되어야 했다.

여하튼 우여곡절 끝에 김대중은 대한민국 역사상 최초의 진보 세력 출신 대통령이 되었다. 그의 대통령 당선 자체가 그의 탁월한 능력을 증명하는 것이었다. 그러나 김대중의 더욱 탁월한 능력은, 그의 뒤를 이어 노무현이라는 또 다른 진보 세력 출신이 대통령에 당선되도록 만들었다는 데 있다는 것이 우리 글쓴이들의 공통된 의견이다. 그만큼 노무현의 당선은 혁명적인 일이었다. 왜 그럴까?

앞서 살펴본 것처럼 대한민국에서 진보 세력이 정권을 잡는 것은 연목구어(緣木求魚), 즉 나무 위에서 물고기를 낚는 것만큼이나 어려운 일이었다. 그런데 김대중 정부 5년이 지나고 다시 진보 세력이 정권을 재창출한 것이다. 이는 김대중 정부 5년 동안 대한민국 시민들의 정치적 사고가 획기적으로 전환된 덕이다.

그 핵심은 남북관계였다. 김대중 필생의 작업인 평화적 통일 방안과 이른바 '햇볕정책'은 이제까지 맹위를 떨치던 북한위협론을 과거와는 전혀 다른 수준으로 격하시켰다. 선거 때만 되면 보수 세력이 전가의 보도처럼 꺼내어 휘두르던 이른바 '북풍(北風)'이 김대중 정부를 거치면서 현저히 약화한 것이다. 이는 노무현이 당선된 제16대 대선을 보더라도 확인할 수 있다.

다음 표를 보자. 특별히 강원도가 보수의 아성이라서 살펴보는 것이 아니다. 선거 때만 되면 언론에서는 남북문제 또는 북풍 관련 사건과 연계해 강원도의 표심을 해석하곤 했다. 유권자 수는 적지만 남북문제와 관련해서는 바로미터가 되는 지역이 강원도였던 셈이다.

그런데 제15대 대선까지 강원도는 늘 보수의 아성이었다. 김영삼과 김대중이라는 20세기를 대표하는 걸출한 야당 지도자[19]가 두 명이나 출마한 제13대 대선에서도 두 사람의

역대 대통령선거 강원도 지역 득표 상황(%)

	보수	진보	비고
13대 대선	59	34	보수=노태우 / 진보=김영삼+김대중
14대 대선	63	22	보수=김영삼+이인제 / 진보=김대중
15대 대선	74	24	보수=이회창+이인제 / 진보=김대중
16대 대선	53	47	보수=이회창 / 진보=노무현+권영길

합산 득표율은 고작 30%를 넘어서는 수준이었다. 김대중이 당선된 제15대 대선은 더 안 좋았다. 그런데 제16대 대선에서는 진보가 보수와 거의 대등한 비율까지 올라선 것이다. 당선자 노무현과 낙선자 이회창의 표 차이가 전국적으로 60만 표도 안 되는 상황[20]에서 이런 변화는 무시할 수 없는 것이다. 당연히 강원도뿐 아니라 경기도 북부 지역, 그리고 실향민 등 남북문제에 민감한 계층에까지 영향을 미칠 테니까.

다른 하나는 말 그대로 지도자로서의 안정성 문제다. 그전까지 대한민국 주류 언론은 야당과 야당 지도자에 대해 '과격, 친북, 용공, 반자본주의, 반기업'이라는 이미지를 덧씌웠고, 다수 시민 역시 그러한 언론관을 수용하고 있었다. 그러나 김대중 정부 5년 동안 그러한 이미지는 희석되고 있었다. 김대중 정부를 거치면서 "야당 인사도 충분히 정부를 안정적으로 운영해나갈 수 있다"는 판단을 내리게 된 것이다. 결국 이후로는 좌경용공과 반기업이라는 케케묵은 '색깔론'의 위력은 눈에 띌 정도로 약화했다.

그렇다고 해도 역시 대한민국은 보수 세력이 지배하는 나라다. 그 후에도 보수 세력은 가만있으면 정권을 획득 내지 유지할 수 있었다. 그 대표적인 예가 박근혜가 당선된 제18대 대선이다.

대선을 치르던 시기 대통령은 같은 보수 세력인 이명박이었다. 대통령으로서 이명박은 존재감도 없고 인기도 없는, 말 그대로 식물 대통령이었다. 그는 집권 3년차부터 임기 말까지 지지율이 30%에도 못 미쳤을 뿐 아니라, 이후 역대 대통령 선호도 조사에서도 무의미한 지표를 보여주는 등 그의 집권 5년은 시민들의 뇌리에 없다. 있다면 4대강 사업과 광우병, 비자금 같은 부정적인 것 일색이다.

그런데도 그의 뒤를 이어 제18대 대선에서 같은 당 출신 박근혜가 당선되는 결과가 나왔다. 결국 대한민국에서 보수 세력은 아무것도 하지 않으면(이명박처럼 아예 존재감이 없다고 하더라도), 나라를 결딴내기 전에는 집권할 수 있다는 말이다.

그렇다면 왜 대한민국 시민들은 그렇게 보수 세력에 애정을 표하는 것일까? 그에 대해 알기 위해서는 대한민국 시민들이 진보 세력을 선택하는 이유부터 살펴보아야 한다.

대한민국 시민이
진보 세력에게
바라는 것

대한민국 시민들은 왜 진보 세력을 선택할까?

세계적으로 고학력·중산층·도시·화이트칼라 계층이 저학력·저소득층·농촌·블루칼라 계층에 비해 더 진보적인 투표 행태를 보인다는 것은 잘 알려진 사실이다. 대한민국도 다른 나라와 별반 다르지 않다. 그러나 그것만으로는 대한민국 진보 세력 지지층을 이해하기 힘들다.

대한민국 진보 세력 지지층은 다른 나라와는 달리 평화로운 정권 교체를 원하지 않는다. 여기서 '평화로운'은 말 그대로 평화롭지 않은 폭력이나 과격한 방식을 가리키는 것이 아니다. '평범한' 일상을 위해서 진보 세력을 선택하는 것이 아니라는 말이다.

대한민국 진보 세력을 지지하는 사람들은 이전의 평범한 삶, 이전의 사회, 이전의 정치적 상황을 원해서 지지하는 것이 아니다. 그들은 혁명적인 변화를 꿈꾸며 진보 세력을 지지하는 것이다. 만일 그들이 평화로운, 다시 말해 평범한 변화나 점진적인 발전을 바란다면 자연스럽게 보수 세력을 선택할 것이다. 김영삼 정부가 IMF 경제위기를 초래하지 않았다면 김대중도 결코 대통령에 당선되지 못했을 것임을 앞서 확인하지 않았나. 그 후 박근혜 정부 역시 탄핵이라는 선고를 받고서야 비로소 문재인 정부가 탄생할 수 있었다. 반면에 이명박 정부처럼 역사에 남는 무능한 정부조차도 아무것도 하지 않은 덕에 보수 정권의 재탄생을 이룰 수 있었다.

결국 대한민국 시민들이 진보 세력을 선택할 때는 혁명적 변화를 추구한다는 사실을 잊지 말아야 한다.

그러나 대한민국의 이른바 진보 세력은 이러한 사실을 알지도 못하고, 알려고 하지도 않으며, 혁명적 변화를 추구할 능력도 의지도 없다. 그것이 제20대 대통령선거에서 불가사의한 결과를 낳은 것이다.

그렇다면 왜 대한민국 시민들은 혁명적 변화를 꿈꾸며 진보층에 투표하는 걸까?

대한민국
진보 지지층의 성격

대한민국에서 진보 세력을 지지하는 주요 집단을 든다면 다음과 같다.

① 호남
② 고학력 중산층
③ 40·50대

이들 진보 세력 지지층의 특징을 잘 살펴보면 왜 그들이 평화적 혁명을 꿈꾸는지 이해할 수 있다.

호남

앞서 이야기한 것처럼 도시-진보, 농촌-보수는 세계적인 추세다. 우리나라도 1980년 이전까지는 같은 움직임을 보였

1967년 6월 제7대 국회의원 선거 결과, 지역별 지역구 의원 수

지역	민주공화당	신민당
서울특별시	1	13
경기도	10	3
강원도	8	1
충청남도	11	2
충청북도	8	–
전라남도	16	2
전라북도	11	–
부산시	2	5
경상남도	14	1
경상북도	18	2
제주도	2	–
합계	**101**	**29**

1971년 5월 제8대 국회의원 선거 결과, 지역별 지역구 의원 수

지역	민주공화당	신민당
서울특별시	1	18
경기도	11	4
강원도	8	1
충청남도	6	2
충청북도	11	4
전라남도	15	7
전라북도	6	6
부산시	2	6
경상남도	9	9
경상북도	15	8
제주도	2	–
합계	**86**	**65**

대중당	합계
-	14
-	13
-	9
-	13
-	8
■ 1	19
-	11
-	7
-	15
-	20
-	2
1	131

제7대 및 제8대 국회의원 선거는 박정희가 이끄는 민주공화당이 지역구 선거에서 압도적 승리를 거두었지만 서울과 부산에서는 완패했다.

그런데 특히 제8대 국회의원 선거는 매우 중요한 의미를 전한다. 그해 4월 대한민국 제7대 대통령선거에서 박정희가 영남의 압도적 지지를 바탕으로 대통령에 당선되었다. 반면 호남의 지지를 등에 업은 김대중 후보는 패하였다. 처음으로 대한민국 선거에서 지역 차이가 드러난 것이다. 그런데 불과 한 달 후 열린 국회의원 선거에서는, 서울과 부산은 압도적인 진보 지지를 나타냈고, 영남과 호남 역시 도심-진보, 농촌-보수라는 결과를 나타냈다. 즉, 이때도 대선과 달리 총선에서는 단순한 지역 차이보다는 환경 차이가 더 큰 비중을 차지한 것이다.

국민당	민중당	합계
-	-	19
-	■ 1	16
-	-	9
-	-	8
-	-	15
-	-	22
-	-	12
-	-	8
-	-	18
■ 1	-	24
-	-	2
1	1	153

다. 호남이건 영남이건 농촌 지역은 박정희가 이끄는 보수 정당, 도시 지역은 당시 야당을 지지했다. 위의 표만 보더라도 그러한 사실을 쉽게 확인할 수 있다.

그러던 것이 1987년 12월 실시한 제13대 대통령선거를 기점으로 극적으로 변화한다. 이 선거에서부터 대한민국은 지역별 선호 현상을 현저히 드러낸다. 영남은 보수 세력, 호남은 진보 세력을 선택하기 시작한 것이다. 물론 이때는 진보 세력이 김영삼과 김대중으로 분열되었기 때문에 영남-보수, 호남-진보라고 기계적인 분류를 할 수는 없지만, 오늘날 시각에서 보면 그렇다는 것이니 크게 무리는 없을 것이다.

뒤이어 실시한 1988년 4월 제13대 총선에서도 그러한 추세가 확연히 드러났고, 여촌야도(與村野都)[21]라는 세계적인 추세가 대한민국에서는 사라졌다. 대신 지역적으로 보수와 진보를 선택하는 움직임이 고착화하기 시작했고, 이른바 미국식 '스윙 스테이트'(경합주)[22]가 된 충청 지역과 수도권 결과에 따라 선거 승패가 좌우되었다.

그렇다면 호남은 왜 진보 세력을 지지할까? 이에 대해서는 특별한 설명이 필요 없을 것이다. 박정희 집권 시부터 산업화의 혜택을 받지 못한 피해의식이 5·18광주민중항쟁을 기점으로 내면화하면서 보수 세력의 반대편에 서기 시작했을 것이다.

그렇다면 앞으로는 어떨까? 향후 20년 정도는 호남의 진보 세력 편중 현상이 지속될 것이다. 그러나 이후에도 그럴 것이라고 장담할 수는 없다. 현재는 박정희 독재 시대와 광주민중항쟁을 겪었거나 겪은 이들의 직계 자손들이 유권자의 대다수를 이루고 있지만, 시간이 갈수록 광주민중항쟁에 대한 기억도 퇴색할 것이고, 민주 세력으로서의 자부심과 긍지 또한 갈수록 경제지상주의에 밀려날 가능성이 높기 때문이다.

광주광역시 시민들이 중요하다고 생각하는 현안 2위가 복합쇼핑몰 등 쇼핑·문화 생활시설 확충인 것으로 4일 나타났다. 광주시 복합쇼핑몰 유치는 대선 때 윤석열 대통령 당선인의 공약이었다.

더불어민주당 광주시당은 지난달 18일부터 20일까지 광주시 거주 만 18세 이상부터 69세 사이의 남녀 1,500명을 대상으로 온라인 패널조사(정량조사)를 실시하고, 같은 연령대를 직업군별로 7~8명씩 5개 그룹으로 나눠 표적집단 면접조사(정성조사)를 실시한 후 '대선 이후 광주 민심 조사' 종합 결과 보고서를 발행했다.

정량조사에서 '중요하다고 생각하는 광주시 현안을 순서대로 3가지만 말해달라'는 질문에서 '복합쇼핑몰 등 쇼핑·문화 생활시설 확충'을 1순위로 꼽은 응답자는 14.2%를 차지해 2위를 기록했다. 2순위와 3순위 응답까지 합친 비율은 36.2%로 역시 2위였다. 1위는 '인공지능 등 미래산업 일자리 창출'이었고, 3위는 '지역 명소·랜드마크 구축 등 관광 활성화'였다.

광주시민 대상 면접조사에서 '최근 광주시 현안 중 시민들의 관심이 높은 이슈'로 복합쇼핑몰을 꼽은 한 응답자는 "신세계(스타필드)가 들어오려다가 시민단체 반대로 무산됐다. 광주에 할 게 없다는 친구들이 많고, 다른 광역시와 너무 차이 난다"고 했다. "복합쇼핑몰이 랜드마크가 되는 경우가 있다. 광명에 이케아가 들어오고 나서 유명해진 것처럼", "대전에 신세계가 문을 열고 인프라가 더 구축되고 유동인구도 많이 발생했다. 우리는 이런 것을 언제까지 막으면서 인구 유출 문제를 해결하겠나"라는 응답도 있었다.

'국민의힘이 제시한 복합쇼핑몰 유치 공약을 들었을 때 주변에서 어떤 반응이었나'라는 질문에 한 시민은 "그런 건 공약에 해당하지 않는다고 생각했는데, 고등학생들도 지나가면서 '윤석열이 되어야지' 소리를 하더라"라고 했다. 다른 시민은 "복합쇼핑몰이 들어오는 것을 소상공인들도 반기는데, (민주당이) 너무나 옛날 정서를 갖고 있다"고 했다.[23]

물론 이 기사는 대한민국을 대표하는 보수신문인 《조선일보》 기사다. 따라서 광주, 나아가 호남을 진보 세력으로부터 떼어내고자 하는 의도를 다분히 품고 있다. 그렇다고 하더라도 현실은 현실이다.

복합쇼핑몰 하나가 한 지역의 대통령 선출에 영향을 미친다는 사실을 인정하기란 참담한 일이다. 그렇다고 다른 지역은 안 그렇다는 증거 역시 없다. 아파트 재개발이니 경전철이니 하는 작은 이익을 위해서는 정의나 평등, 평화 따위 추상적인 개념은 언제든 폐기할 준비를 하고 있는 것이 이 시대 투표권을 가진 시민들이니 말이다.

20여 년이 지난 후라 하더라도 호남 지역이 보수 세력으로 기울지는 않겠지만 오늘날과 같은 진보 몰표 현상은 상당히 완화할 것이다.

고학력 중산층

고학력 중산층이 개혁적이고 진보적이라는 것은 서양 중세에서 근대로 넘어가던 시민사회 성립 과정에서 이미 드러난 사실이다. 이는 억압과 착취의 가장 큰 피해자인 노동자·농민이 먼저 혁명에 뛰어들 것이라는 사람들의 예상을 한참 벗어난 것인데, 그에 대한 면밀한 분석은 우리 글쓴이들의 능력을 벗어나는 일이므로 더 궁금하신 분들은 다양한 혁명론 책들을 참고하시기 바란다. 다만 우리는 역사 전개 과정에서 드러난 사실을 토대로 대한민국 사회를 유추할 뿐이다.

한마디로 말하면, 정치·사회적 상상력을 발휘하기 위해서는 어느 정도 이상의 공부가 필수적이다. 중세 후기 부르주아 세력이 축적된 부를 통해 기본적인 지식의 세례를 받은 까닭에 자신들의 경제력으로 대학을 세우고 자식들을 교육한 것이 근대 시민사회 출범에 토대가 된 것은 두말할 나위가 없다. 오늘날에도 서구 유럽의 교육 목표가 우리와는 달리 '비판적 시민의 양성'인 것은 그러한 역사적 연원이 있기 때문이다.

중산층(中産層), 즉 부르주아[24] 계급은 중세의 일반 시민들과는 차별화되는 자산을 보유한 계급이었다. 일정한 자산 보유는 고대부터 사회 변혁 세력이 되기 위한 필수 조건이었다. 안정적인 호구지책(糊口之策)이 마련되지 못한 계층은 사회 변혁은 고사하고 자신의 정치적 욕구가 무엇인지조차 판단하기 어려울 만큼 생존에 허덕이기 때문이다. 기원전 700년 무렵 활동한 고대 중국 정치가 관중(管仲)이 말한 '의식족즉지영욕(衣食足則知榮辱)', 즉 '의식주가 갖추어진 다음에야 인간은 비로소 영광과 수치도 알게 된다'라는 말은 이를 일찌감치 간파한 탁견이었다.

이러한 현상은 오늘날도 마찬가지다. 그러니 앞서 살펴본 것처럼 '월소득 200만 원 미만 유권자의 61.3%가 윤석열 후보를 뽑고, 월소득 600~700만 원 유권자의 61.7%가 이재명 후보를 선택했으며, 블루칼라의 53.9%가 엘리트 계급 출신의 윤 후보, 화이트칼라의 54.5%가 소년공 출신의 이 후보에게 지지를 보낸'[25] 현상은 불가사의한 것이 아니라 어쩌면 당연한 것이었다.

그렇다면 우리나라에서 가장 소득수준이 높은 서울특별시 강남 지역의 보수 세력 선호는 어떻게 설명할 수 있을까? 겉으로 보기에는 고학력 중산층의 진보 세력 선호 현상과 반대로 보이지만 잘 분석해보면 그것이야말로 그러한 현상의 핵심이라고 할 수 있다. 무슨 말인가?

고학력은 자신의 정치적 위치와 정체성을 파악하는 데 필요조건이다. 그리고 중산층이라는 경제적 토대는 고학력을 가능하게 하는 바탕이다. 이렇게 고학력 중산층의 조건이 갖추어지면 자신의 정치·사회적 정체성을 인식하고 그에 따른 정치적 선택을 주체적으로 할 수 있게 된다.

반면에 저학력 저소득층은 물질적 결핍에 시달리면서 생존권 확보를 위해 과다한 물리적 시간을 투여해야 한다. 그래서 자신의 정치·사회적 정체성을 돌아보고 확인한 후 미래를 위해 어떤 정치적 행동을 해야 하는지 주체적으로 판단하기가 매우 어렵다. 그 결과 자신의 입맛에 맞는 종편 채널이나 유튜브를 보며 이른바 '사우나 정치 토론'에 몰두하는 정도가 그들의 정치적 행동을 추동하는 환경이 된다.

결국 고학력 중산층은 스스로 자신들의 정치적 위상이 어디에 위치하며, 따라서 자신의 이익을 위해 또는 사회 발전을 위해 어떤 정치적 행동(이를 정치의식이라고 표현해도 좋을 것이다)을 해야 할지 주체적으로 결정한다. 여기서 중요한 것은 '자신의 이익을 위해 또는 사회 발전을 위해'라는 표현이다. 모든 유권자는 자신의 이익을 위해 또는 사회의 발전을 위해 정치적 행동을 한다. 이때 자신의 이익을 위해 하는 사람을 이기적이라고 비난해서도 안 되고, 사회 발전을 위해 한다고 높이 평가할 필요도 없다. 사회 발전을 위해 정치적 행동을 한다고 여기는 사람의 행위도 심리적으로 깊이 분석해보면 자신의 이익을 위해 하는 경우도 많고, 또 자신의 이익을 위한 정치적 행동이 결집하면 결국 한 사회의 이익으로 귀결되는 경우도 많기 때문이다. 예를 들면 동학농민혁명에 참여한 사람들 가운데 대다수는 자신의 이익을 위해 행했을 것이다. 그러나 그 '이기적'인 행동들이 모여 결국 한 사회의 근대화를 이루는 계기가 될 수 있었다.

문제는 자신의 이익에 반하는 정치적 행동을 하는 경우다. 자신의 이익을 위해 한 행동이라고 여긴 것이 알고 보니 자신에게 손해가 되는 경우 말이다. 그 대표적인 사례가 종합부동산세(종부세)에 대한 시각이다.

대한민국에서 종부세를 내는 시민은 아무리 높게 잡아도 5% 내외에 불과하다.[26] 그런데 종부세 완화에 찬성하는 여론이 반대하는 여론을 앞선다. 2021년 4월 20일《오마이뉴스》의뢰로 여론조사기관 리얼미터가 조사한 바에 따르면, 약 44%가 종부세 완화에 찬성하는 반면, 38% 정도가 반대하는 것으로 나타났다.[27]

최근의 국세 징수 실적 자료에 따르면, 2021년 종부세 징수액은 5조 7천억 원 정도다. 종부세 과세 대상이 아닌 시민들이 종부세로 인해 그만큼 이익을 보는 것이다. 따라서 종부세 부과 대상인 사람들의 종부세 완화 주장은 충분히 이해가 가지만, 종부세 부과 대상이 아닌 이들의 종부세 완화 주장은 아무래도 이해하기 어려운 태도다. 그런데도 절반 가까운 시민들이 종부세 완화에 찬성한다니, 이는 이기적인 행동도 아니고, 사회 발전을 위한 행동도 아니다(영토는 좁고 인구밀도는 세계 최상위권인 대한민국에서 상위 5% 이내의 부동산 소유자가 부동산을 통해 나라 경제 발전에 기여하는 부분은 크지 않다).

물론 재산이 많다고 많은 세금을 거두는 것은 정의로운 정책이 아니라고 여기는 사람도 있을 것이다. 그런 이는 종부세가 아니라 세금 자체를 거부해야 할 것이고, 결국 무정부주의자임을 선언하고 행동하여야 할 것이다. 모든 세금은 자산과 소득에 따라 거두는 것이 나라이고 정부니까. 소득과 재산 여부에 상관없이 모든 시민에게 동등하게 징수하는 간접세(이를테면 부가가치세)의 비중이 큰 나라일수록 빈부격차가 크고 사회정의 실현이 어려운 것은 널리 알려진 사실이다(물론 이러한 사실을 알기 위해서는 일정 수준의 경제 교육을 받아야 하는 것도 진실이다).

이러한 까닭에 강남 지역 주민의 정치의식은 합리적이며, 그에 따른 선택 역시 합리적인 정치적 행동이다. 문제는 강남 거주민들과는 경제·사회적 지위가 정반대인 월소득 200만 원 이하의 블루칼라 계층이 그들과 같은 정치적 행동을 하는 것이다. 상식적으로는 그들과 정반대의 정치적 결정을 해야 하는데도 말이다.

한편으로, 그럼에도 고학력 중산층 시민 가운데 다수가 진보 세력을 지지하는 것은 이른바 사회의 진보적 의제들이 궁극적으로는 모든 시민의 안정적 삶에 기여할 것이라는 정치적 자각 탓일 것이다. 모든 분야에서 사회보장제의 확산, 소수자 집단의 소외 방지, 다양한 정치적 시각의 체제 내 수용, 거대자본으로부터 독립적인 언론 자유, 빈부격차 해소, 노동자 권익 향상, 남북문제의 평화적 해결, 주위 강국으로부터 독립적 지위 확보 등은 누가 보아도 평화롭고 안정적이며 예측 가능한 시민의 삶에 필수적인 요소다. 그리고 그런 사회가 도래한다면 누구도 악다구니처럼 살지 않아도 된다. 마치 북유럽 여러 나라들처럼.

그러하기에 일정 수준의 정치·경제적 학습을 받은 이들은 이러한 체제 구축을 위해 정치적 활동을 하게 된다. 그리고 대한민국뿐 아니라 세계적으로도 이러한 의제를 추구하는 것은 진보 세력이다.

결국 모든 시민이 자신의 이익을 위하거나 사회 발전을 위해 정치적 활동을 하는 것은 바람직한 일이다. 그리고 강남을 비롯해 많은 기득권층이 자신들의 이익을 위해 정치적 선택을 하는 것을 비난해서도 안 된다.

40·50대

대한민국에서 호남과 고학력 중산층이 진보 세력을 지지하는 것은 일반적인 사실이다. 그런데 40·50대가 진보 세력을 지지한다는 사실은 이전과는 다른 양상이다. 실제로 진보 세력의 노무현이 당선된 제16대 대선에서는 20대와 30대에서 노무현이 앞선 반면 40대는 박빙, 50대에서는 큰 차이로 패했다. 그런데 20년이 지난 2022년에는 20대와 30대에서 이재명 후보가 패한 반면에 40대와 50대에서는 큰 차이로 승리를 거두었다.

　사실 대한민국 40·50대가 사회에서 가장 진보적인 세력이 된 것은 세계적으로도 보기 드문 현상이다. 민주주의 역사가 오랜 나라들을 보면 보수와 진보를 가르는 가장 큰 요소는 지역과 교육수준 차이다. 반면에 우리나라 시민들이 당연하게 여기는 세대 차이는 생각보다 크지 않다. 하물며 장년층이 가장 진보적인 경향을 보이는 것은 대한민국에 특별한 사례다.

　이는 이들이 박정희 독재 시대에 태어나 전두환·노태우로 이어지는 군사독재 체제를 거치면서 각성된 정치의식과 깊은 연관이 있다. 2022년에 40대라면 출생연도가 1970년대 중반에서 1980년대 중반인 세대다. 대한민국 현대사에서 가장 격동기였던 시대, 그들 부모가 자신들이 가진 모든 것을 동원해 자녀 교육에 힘썼던 시대다.

　그렇다면 20년 전의 20대(지금의 40대)와 오늘날의 20대는 왜 이렇게 정치적 성향이 달라진 것일까? 이는 오늘날 자녀 교육과 그 시대 자녀 교육에 차이가 있다는 사실에서 실마리를 찾아볼 수 있을 듯하다. 오늘날 자녀 교육은 교육이 아니라 차라리 사육에 가깝다. 초등학교 때부터 어떤 중학교-고등학교-대학교를 거쳐 무슨 직업을 택할 것인지 미리 결정한 후 그대로 키우는 것이 오늘날의 교육이다. 반면에

1970~1980년대에는 그렇지 않았다. 돈 대주고 학교 보내면서 공부하라고 다그치는 것이 전부였다. 그러니 부모는 박정희 신봉자일지라도 자식은 반정부, 반(反)박정희 시위를 주도할 수 있었던 것이다.

현재 20·30대가 급격히 보수화하는 것은 그들을 '사육'한 부모들이 성공 신드롬에 사로잡혀 자식들을 이끌었기 때문이라고 하면 무리일까? 전혀 그렇지 않을 것이다. 물론 모든 부모가 그런 것은 아니겠지만, 그러한 사람들의 숫자가 적지 않다는 사실을 기억할 일이다.

여하튼 지금의 40·50대의 진보 세력 지향은 나이가 먹어도 변치 않을 것이다. 세월이 흐르면서 자연스럽게 보수화된다는 우리의 선입견이 실현되기에는 이들의 정치적 경험과 각성이 워낙 공고하기 때문이다. 이는 이들이 20·30대 때 보여준 정치적 태도가 20여 년이 지난 지금도 고스란히 이어지는 것에서 알 수 있다.

새로운 진보 세력의 탄생

호남─고학력 중산층─40·50대가 진보 세력의 주축이라는 점은 21세기에 들어와 형성된 것으로, 이미 많은 사람이 알고 있는 사실이다. 그런데 2022년 제20대 대선에서 새로이 등장한 진보 세력이 있으니, 바로 20대 여성이다.

20대 여성층은 대한민국 여성 지위의 후진적 상황을 오랫동안 겪어오면서도 그것을 '20대 여성'의 목소리로 정치 의제화하는 데 적극적이지는 않았다. 그러하기에 과거 어느 선거에서도 20대 여성 유권자들이 특정 세력을 지지하는 움직임을 보이지는 않았다. 그런데 이들의 사회적 불만이 형성되어가는 과정에서 느닷없이 보수 세력이 20대 여성과 남성 사이의 편가르기를 들고 나온 것이다(사실 페미니즘에 대한 태도에 국한해서 본다면, 대한민국에는 보수는 없고 수구 세력만이 존재한다고 보아야 할 것이다).

이는 대한민국 사회 전체로 보면 참으로 안타깝고 후진적인 행태인데, 정치적으로 분열된 투표 행태가 한번 드러나면 그 양상은 상당히 오래간다. 2022년을 기점으로 이제 젊은 여성과 남성 사이의 이념 대립, 정체성 대립은 피할 수 없는 현상이 되고 말았다. 그리고 이후 대한민국 선거에서 남녀 사이의 분열이 사라지기는 단시일 내에는 쉽지 않을 것이다.

세계 각국의 성평등 수준을 비교할 수 있는 공신력 있는 지표는 두 가지다.

하나는 세계경제포럼(WEF, 다보스포럼)의 '성 격차지수'(Gender Gap Index, GGI)로 2006년부터 발표되고 있다.

완전 평등을 1, 완전 불평등을 0으로 산정한다.

2021년 보고서에 따르면 우리나라의 GGI는 0.687로 조사 대상 국가 156개국 가운데 102위를 차지했다. 2018년 0.657(115위), 2019년 0.672(108위)에 비하면 개선되고 있으나 여전히 100위권 밖이다. 경제협력개발기구(OECD) 37개 회원국 가운데 우리나라보다 순위가 낮은 곳은 일본 0.656(120위)과 터키 0.638(133위)뿐이다.

우리나라의 GGI를 부문별로 보면 여성의 '경제 참여 및 기회' 0.586(123위), '교육적 성취' 0.973(104위), '건강과 생존' 0.976(54위), '정치적 권한' 0.214(68위)였다.

하지만 또 다른 성평등 지수인 유엔개발계획(UNDP)의 '성불평등지수'(Gender Inequality Index, GII)는 이와 차이가 있다. 이 지수는 GGI와 반대로 0을 완전 평등, 1을 완전 불평등으로 산정한다.

가장 최근인 2020년 조사에서 우리나라는 0.064로 189개 조사 대상 국가 중 11위로 아시아에서 가장 높다. 일본은 24위(0.094), 중국은 39위(0.168)다.

GII 순위로 보면 100위권 밖인 GGI와 달리 우리나라의 성평등은 이미 세계적인 수준으로 올라온 것처럼 보인다. 두 지수의 차이는 어디서 비롯된 걸까?

이는 두 지수가 유사한 성평등 지표인 것처럼 알려져 있으나 실제로는 지수를 측정하는 목적과 지표 구성, 산출 방식에 큰 차이가 있기 때문이다.

GGI는 각국의 경제·정치·교육·건강 분야 성별 격차를 측정하는 게 목적이며, GII는 성 불평등으로 발생하는 인간자원 개발·활용 상의 불이익을 측정한다.

황별이 여성가족부 성별영향평가과장은 "GGI는 제반 영역에서의 남녀 간 격차를 측정하는 데 초점을 맞춘 반면, GII는 여성의 처우와 권한의 절대적 수준을 성별 격차와 함께 반영한다"고 설명했다. 따라서 GGI는 해당 국가 내 남녀 간 격차가 크면 여권(女權) 수준이 다른 나라보다 높은 편이라도 순위가 낮아질 수 있다. 이에 반해 GII는 여권 수준이 다른 나라보다 높으면 남녀 간 격차가 커도 순위는 올라갈 수 있다는 것이다.

GII는 '모성사망비', '청소년 출산율', '여성 의원 비율', '중등 이상 교육 인구', '경제활동 참가율' 등 5개 지표로 구성되는데, 우리나라는 청소년 출산율이 두드러지게 낮아 순위 상승을 견인한 것으로 분석된다.

우리나라의 15~19세 여성인 1천 명당 출산 수는 1.4명으로 OECD 평균(22.9명)의 16분의 1 수준이고, GII 1위인 스위스(2.8명)에 비해서도 절반 수준이다.

우리나라는 모성사망비(출생 10만 명당 임신·출산 합병증 사망

수)도 11명으로 낮은 편이지만, 여성 의원 비율은 16.7%로 OECD 평균(30.8%)의 절반 수준이다.[28]

대한민국 여성의 현재 상황을 객관적으로 보도하는 기사다. 기사에 나와 있듯이 세계에서 여성의 사회적 지위를 평가하는 지수는 두 가지가 대표적이다. 하나는 우리에게 '다보스포럼'으로 알려진 국제 민간기구인 세계경제포럼(WEF)에서 발표하는 '성 격차지수'(Gender Gap Index, GGI)이고, 다른 하나는 유엔개발계획(UNDP)이 발표하는 '성 불평등지수'(Gender Inequality Index, GII)다.

그런데 대한민국은 '성 격차지수'에서는 조사 대상 156개국 가운데 102위인 반면에, '성 불평등지수'에서는 조사 대상 189개국 가운데 11위에 자리하고 있다. '성 격차지수'를 인용하면 대한민국 여성들은 세계에서 매우 낙후된 지위에 머무르고 있고, '성 불평등지수'를 인용하면 세계에서 가장 좋은 지위에 놓인 편이다. 도대체 이런 터무니도 없는 격차는 어떻게 발생한 걸까?

기사를 보면 알 수 있듯이 대한민국 여성들은 아이도 많이 낳지 않고, 아이를 낳다가 사망할 확률도 낮기 때문에 세계적으로는 좋은 지위에 놓여 있다는 것이다. 반면에 경제 참여 및 기회 보장, 교육, 정치적 권한 분야에서는 남성에 비

제20대 대통령선거 연령별·성별 지지율(%)

이재명		윤석열
36.3	20대 이하 남성	58.7
58.0	20대 이하 여성	33.8
58.0	30대 남성	52.8
49.7	30대 여성	43.8
61.0	40대 남성	35.2
60.0	40대 여성	35.6
55.0	50대 남성	41.8
50.1	50대 여성	45.8
30.2	60대 남성	67.4
31.1	60대 여성	66.8

* 방송사 3사 공동 출구조사 자료

해 현저히 뒤떨어져 있기 때문에 세계에서도 가장 남녀 격차가 큰 지위에 놓여 있다는 말이다.

어떤 지표를 중시하느냐는 개인의 판단일지 모른다. 그러나 대한민국 남성들이 여성 탓을 할 상황이 아닌 것은 분명하다. 여성들 탓에 자신들의 성공 기회가 박탈되었다거나 교육 기회를 잃었다는 근거는 어디에도 없으니 말이다.

오늘날 대한민국에서 문제가 되는 출산율 저하가 오히려

대한민국 여성의 권익 향상으로 표현되는 기이한(?) 지표를 남녀평등의 증거로 내세우는 정치인을 바라보는 일은 참담하다 못해 절망스럽다. 그리고 이러한 정략적 발상이 사회의 발전을 가로막는 것은 두말할 나위가 없다.

이렇게 해서 대한민국에는 또 다른 집단적 진보 세력이 탄생한다. 바로 20대 여성이다.

지난 3월 대선에 이어 6·1지방선거에서도 이른바 이대남(20대 남성)과 이대녀(20대 여성)의 후보 지지 성향이 크게 갈렸다. 전문가들은 저조한 투표율로 인해 적극 지지층이 투표장에 나오면서 지난 대선 때보다 차이가 더 심해진 것으로 보고 있다.

지상파 3사 공동 출구조사에서 성별·연령별 전국 광역단체장 표심을 분석한 결과, 20대 남성은 국민의힘을 지지한 비율이 65.1%로 높았다. 더불어민주당을 지지한 20대 여성은 66.8%로 조사됐다. 이는 지난 3월 대선 당시 20대 남성이 윤석열 국민의힘 후보를, 20대 여성은 이재명 더불어민주당 후보를 지지하는 비율이 높았던 것의 연장선상으로 분석된다. 광역단체장 선거를 살펴보면 이 같은 차이가 더욱 두드러진다.

서울시장 선거에서는 오세훈 국민의힘 후보를 지지한 20대

이하 남성은 75.1%였고, 송영길 더불어민주당 후보를 지지한 20대 이하 남성은 24.6%였다. 20대 이하 여성은 67%가 송영길 후보, 30.9%가 오세훈 후보를 지지했다.

경기지사 선거의 경우, 20대 이하 남성은 66.3%가 김은혜 국민의힘 후보, 30.2%가 김동연 더불어민주당 후보를 지지했다. 20대 이하 여성은 66.4%가 김동연 후보, 28.6%가 김은혜 후보를 지지했다. 30대 남성은 김은혜 후보 58.7%, 김동연 후보 39%였고, 30대 여성은 김동연 후보 51.7%, 김은혜 후보 42%였다. 전체 지지율은 김은혜 후보 49.4%, 김동연 후보 48.8%다. (*기사 내용은 출구조사에 근거한 것이므로 실제 선거 결과 김동연 후보가 승리한 것과는 차이가 있다. 그러나 지지층 분석은 대체로 정확할 것이다. –글쓴이)

국민의힘을 지지하는 20대 남성과 더불어민주당을 지지하는 20대 여성의 간극은 3개월 전 대선 때보다 더 벌어졌다.[29]

기사에서 보듯 2022년 제20대 대선에서 윤석열 후보가 추동한 20대 남성과 여성의 갈라치기는 그로부터 고작 석 달도 안 돼 실시한 지방선거에서 더 강력하게 드러났다. 모든 갈라치기, 이른바 편가르기가 그러하듯 이러한 현상은 시간이 갈수록 더 강해질 것이고, 대한민국의 21세기는 통합보다는 지역, 세대, 성별, 아파트 평수, 정규직과 비정규직, 통일과 반통일, 친미 외교와 중립 외교로 분열될 것이다. 그리고 이 모든 것은 앞서 살펴본 것처럼 99%는 정상배(政商輩)들 탓이다.

진보 – 중도 – 보수
비율은 어떨까?

한 사회의 현재와 미래를 진단하는 데 진보층이나 보수층의 성격보다 더 중요한 것은 사회 구성원 전체의 정치적 성향이다. 진보층이 늘어날수록 사회 전체가 진보적 의제를 구현하는 방향으로 나아가고, 보수층이 늘어날수록 보수적 의제가 힘을 얻을 것이기 때문이다.

특히 세계 유일의 분단국가인 대한민국에서는 사회주의와 자본주의, 분단과 통일, 전쟁과 평화 같은 거대 담론이 작동할 수밖에 없기에 더더욱 진보층과 보수층의 비율이 중요하다.

다음 쪽에 소개하는 자료에서 보듯이 대한민국 유권자의 정치 성향은 진보와 보수가 균형을 이루고 중도가 그보다 약간 큰 비중을 차지하는 것으로 알려져 있다. 사실 한 인간의 정치적 성향, 나아가 삶의 방향성이라는 것이 그렇게 쉽게 변화하지는 않는다. 올해 진보적인 인간이 내년에 중도나 보수로 바뀌는 일은 쉽지 않다. 특히나 보수적인 인간이 진보적인 인간으로 바뀌는 것은 평생에 걸쳐서도 쉽지 않은 일이다.

이런 점을 고려해보면 진보 3, 중도 4, 보수 3 정도로 보는 것이 적절한 듯하다. 이 가운데 중도가 어느 쪽으로 기우느냐에 따라 선거 결과가 결정될 것이다. 일반적으로 '중도'라는 개념 또는 태도는 현실의 변화(즉 진보)를 택하기보다는 안정을 택한다고 보는 것이 타당하다. 변화를 택한다는 것은 어느 정도 위험을 감수하겠다는 뜻이 내포되어 있기에, 중도는 진보보다는 보수에 가까울 수밖에 없다. 그러니 삽질만 하지 않는다면 보수가 늘 승리하는 것이다.

주관적 정치 성향(2012년, 2016~2021년 매년 1월 기준)

	주관적 정치 성향					
	매우 보수적 (1점)	약간 보수적 (2점)	중도적 (3점)	약간 진보적 (4점)	매우 진보적 (5점)	성향 유보
2012년 1월	4%	26%	28%	28%	5%	9%
…						
2016년 1월	6%	25%	31%	22%	3%	13%
2017년 1월	7%	20%	26%	31%	6%	10%
2018년 1월	4%	22%	27%	28%	5%	14%
2019년 1월	5%	19%	30%	26%	5%	15%
2020년 1월	6%	20%	29%	23%	6%	16%
2021년 1월	5%	20%	31%	22%	6%	16%

*질문 : 귀하 본인의 정치적 성향은 다음 중 어디에 해당한다고 생각하십니까? (5점 척도)
  - 매우 보수적/ 약간 보수적/ 중도적/ 약간 진보적/ 매우 진보적. 성향 유보='모름/응답거절'
*한국갤럽 데일리 오피니언

계			이념 점수
매우+약간 보수적	중도적+ 성향 유보	매우+약간 진보적	
30%	36%	33%	3.04
31%	44%	25%	2.89
27%	36%	37%	3.09
26%	41%	33%	3.09
24%	45%	31%	3.08
26%	45%	29%	3.02
25%	47%	28%	3.05

국민 이념 성향 변화

	진보적				보수적	
단위(%)	매우	다소	중도적		다소	매우
2016년	3.1	23.0	47.8		23.3	2.9
2017년	3.0	27.6	48.4		18.6	2.4
2018년	3.3	28.1	47.4		18.7	2.5
2019년	3.1	24.9	47.2		20.9	3.8
2020년	2.8	24.0	47.6		22.1	3.6

*2020년 9~10월 만19세 이상 성인남녀 8,336명 대상 '2020 사회통합실태조사' 결과

*한국행정연구원

2022년,

민주당은 왜 패했나?

2020년 4·15총선 결과

더불어민주당
더불어시민당

60%

180석

미래통합당
미래한국당

34,33%

103석

무소속(5석)

1,67%

정의당(6석)

2%

열린민주당(3석)

1%

국민의당(3석)

1%

대한민국 시민에게
선거는
딜레마다!

김대중 정부 이후 대선은 특별한 경우를 제외하면 늘 박빙이었다. 거기에는 이유가 있다. 앞서 살펴본 것처럼 보수는 삽질만 하지 않으면 정권을 유지할 수 있는데, 지속적으로 삽질을 하고 있기 때문이다. 반면 진보 세력은 또 시민들이 바라는 진보 세력으로서의 역할을 전혀 하지 못하고 있다.

결국 대한민국 시민들은 이러지도 저러지도 못하는 딜레마에 처하게 된다. 그러나 알고 보면 시민들이 딜레마에 빠진 것이 아니다. 진실은, 대한민국에는 진정한 의미에서 진보 세력도 없고, 보수 세력도 없기 때문이다. 그러니 선거 때만 되면 이런 구호가 나오는 것이다.

'최선이 없으면 차선이라도 선택해야 합니다.'

진짜 보수정치를 원하는 시민이 선택할 만한 보수 정당이 오히려 진보 세력으로 활동하고, 진짜 진보정치를 원하는 시민 눈에는 참된 진보 세력은 보이지 않고 "그놈이 그놈"인

정상배들만 있는 셈이다.

2022년 대선 후보 가운데 엄밀한 의미에서 보수주의자가 있었나? 아무리 보아도 없다. 그렇다면 진짜 진보주의자는 있던가? 사실 이재명은 진보주의자라기보다는 오히려 중도 세력을 대변한다고 보아야 할 것이다. 당선자 윤석열이 보수가 무엇인지 잘 아는 것 같지는 않기 때문에 그가 실제로 어떤 세력인지는 판단을 유보한다. 다만 그 주변에서 국정에 참여하는 이들의 면면을 살펴보면 윤석열 정부는 보수 정부라기보다는 수구(守舊)[30] 정부라고 보는 편이 진실에 가까울 것이다.

결국 대한민국 시민들은 진보를 추구하는 사람은 보수주의자를 선택해야 하고, 보수를 추구하는 사람은 수구파를 선택해야 하는 딜레마에 빠지는 것이다. 그러니 그 누구에게도 선거는 축제라기보다는 차선을 선택하거나 차악을 선택해야 하는 부정적인 행위인 셈이다.

참으로 안타까운 현실이 아닐 수 없다.

진보는 가만있으면
절대 안 된다!

대한민국에서 보수는 가만있으면 집권할 수 있다고 했다. 그렇다면 진보는?

절대 안 된다. 대한민국 시민들은 진보에게는 많은 걸 요구한다. 실제로 보수와 진보 사이에는 별 차이가 없는데도 말이다.

그러면 이른바 진보 세력 출신인 문재인 정부는 무엇을 했을까?

첫 번째로 들 수 있는 것이 검찰개혁이다. 문재인 정부는 출범 초부터 검찰개혁을 이루기 위해 혼신의 힘을 다했다. 그러나 결과는 모두가 아는 바와 같이 실패였다. 아니, 실패라는 표현도 부족하다. 검찰의 반격을 받아 검찰개혁의 선봉장이었던 조국 법무부장관이 부관참시(剖棺斬屍)의 비극을 당하고, 검찰 저항의 선봉 윤석열 검찰총장이 대통령에 당선되는 참사로 이어진다. 안 하느니만 못한 결과를 야기한 것이다.

두 번째는? 글쎄 딱히 생각나는 것이 없다. 물론 문재인 정부 하면 떠오르는 것이 부동산 정책인데, 사실 이는 '정책' 이라기보다 '정책 실패'라고 부르는 게 더 적절할 것이다. 그리하여 문재인 정부의 치적은 (있는지 모르지만)[31] 사라지고, 실패 사례의 대표로 '부동산 정책 실패'가 전면에 부각된다.

사실 문재인 정부는 부동산 정책을 제대로 펼친 적이 없다. 잘 알려진 것처럼 2008년 미국의 금융위기 이후 2010년대부터 2020년대에 이르기까지 전 세계적으로 추진된 엄청난 화폐 발행, 즉 양적 완화[32]는 필연적으로 물가 앙등으로 귀결될 수밖에 없다. 특히 부동산 불패 신화가 존재하는 대한민국에서는 풀린 돈이 부동산으로 스며들 수밖에 없었고, 그 결과 부동산 가격이 폭등한 것이다. 이 문제를 부동산 공급 확대로 해결하느냐, 부동산 투자 억제책으로 해결하느냐가 부동산 정책이다. 그리고 문재인 정부는 부동산 가격 폭등 원인을 공급 부족이 아니라 투기 수요에서 찾았다.

사실 3기 신도시, 4기 신도시, 5기 신도시, 아니 심심산골까지 아파트를 짓는다고 아파트 가격이 안정될 거라고 믿는 자가 있다면 그는 절대 부동산 정책을 담당하면 안 된다. 대한민국 부동산 가격 폭등의 근원은 수도권이고, 수도권 중심의 국가 정책이며, 불로소득을 추앙하는 사회적 분위기 때문이다. 나라가 제대로 작동하려면 부동산으로 인한 불로소득에 대해서는 비판하고 그 불로소득을 환수하는 정부, 불로소득을 정책적으로 흡수하라고 요구하는 언론, 그리고 불로소득자를 바라보는 시민들의 차가운 시선이 필수다. 그렇지 않으면 누가 땀 흘려 일하겠는가. 부동산으로 돈 번 자들이 잘했다고 추앙받는 환경에서 어떤 젊은이가 일하려고 하겠는가 말이다.

그러니 문재인 정부의 부동산 세금 인상 정책은 잘한 것이다. 그러나 한 가지 간과한 것이 있으니, 여론을 잘못 읽은 것이다. 문재인 정부의 부동산 정책자들은 과도한 세금폭탄이라는 보수 언론의 비난에 못 이겨 결국 타협점을 찾았다. 이러한 타협으로 무슨 성과를 거두었을까? 아무것도 못 거두었다. 선거에서는 졌고, 목표로 한 불로소득 환수도 이루지 못했다. 처음부터 보수 언론은 어떤 정책을 펼치더라도 문재인 정부를 비난할 준비가 되어 있었다. 그런 상황에서 보수 언론의 비위를 조금이라도 맞추려고 한 것 자체가 문재인 정부의 잘못이었다.

그러나 이런 것도 부차적인 것이다. 진짜는 따로 있다.

광복 이후 70년 만에 찾아온
평화적 혁명의 기회였건만

2020년 4월 15일, 대한민국에서는 평화적인 혁명이 발발했다.

《표준국어대사전》에서는 '혁명'을 "① 헌법의 범위를 벗어나 국가 기초, 사회 제도, 경제 제도, 조직 따위를 근본적으로 고치는 일. ② 이전의 왕통을 뒤집고 다른 왕통이 대신하여 통치하는 일. ③ 이전의 관습이나 제도, 방식 따위를 단번에 깨뜨리고 질적으로 새로운 것을 급격하게 세우는 일"로 정의하고 있다. ②는 봉건시대에 대한 설명이므로 제외한다면, 혁명은 '기존 헌법의 범위를 벗어나 이전의 정치·사회적 관습과 제도, 방식 따위를 한번에 깨뜨리고 새로운 것을 세우는 일'이다.

대의민주주의 국가에서 헌법과 모든 제도를 결정하는 것은 국회의 몫이다. 그런데 대한민국 시민들이 한 정당에게, 헌법을 바꿀 수 있는 권한에 버금가는 의석을 부여한 것이

제21대 국회의원 선거 결과

정당	지역구	비례대표	총합	비율
더불어민주당	163석	-	180석	60%
더불어시민당	-	17석		
미래통합당	84석	-	103석	34.33%
미래한국당	-	19석		
정의당	1석	5석	6석	2%
국민의당	-	3석	3석	1%
열린민주당	-	3석	3석	1%
무소속	5석	-	5석	1.67%

2020년 4월 총선에서 대한민국 시민은 진보 세력에게 입헌체제 내에서 혁명적 변화가 가능한 권한을 국회에 부여했다. 그러나 안타깝게도 진보 세력은 그 권한을 활용하지 못했고, 게도 구럭도 잃는 결과를 초래하고 말았다.

다. 2020년 4·15총선에서 더불어민주당(위성정당인 더불어시민당 포함)이 전체 의석의 60%인 180석을 가져갔을 뿐 아니라, 진보적 의제에 동조하는 세력 또한 9석을 확보했다. 그러니 11석의 동조자만 규합하면 헌법까지 바꿀 수 있었다. 물론 헌법을 제외한 모든 법의 개정에는 아무런 장애물도 없었다. 그 법이 설령 국가보안법이라고 해도 말이다.

앞서 말한 것처럼 대한민국 시민들은 진보 세력에게는

혁명적인 성과를 요구한다. 그리고 그러한 변화에 목말랐던 시민들이 실제로 진보 세력에게 그렇게 하라고 권한을 부여했다.

그러나 절망스럽게도 진보 세력은 그렇게 하지 않았다. 부여받은 권한을 자신들의 이익을 위해 사용했을 뿐 시민의 요구는 철저히 묵살했다.

돌아보자.

2020년 4월 이후 대한민국의 '혁명적' 국회에서 한 일이 무엇인가. 아무것도 없다. 오직 2022년 대선이 끝난 후 이른바 '검수완박'(사실 이것도 검찰과 보수 언론의 의도적인 프레임이 담긴 표현이다)으로 불리는, 검찰 수사권·기소권 분리 법안을 통과시키는 프로파간다적 행동만 했을 뿐이다.

참으로 안타까운 일이다. 이는 진보 세력이 진보의 가치보다 자신들의 안위를 위해 행동했다는 증거일 뿐이다.

그렇다면 혁명적 권한을 부여받은 진보 세력은 국회를 구성하자마자 어떤 일을 해야 했을까?

첫째, 국가보안법 폐지

둘째, 정치 체제(국회) 변경

셋째, 부동산 투기 근절을 위한 토지 공개념 확립

넷째, 미완의 과제로 남았던 사학법 개정

국회가 이 네 가지를 전격적으로 추진했다면 어떻게 되었을까? 당연히 대한민국은 진보와 보수(사실은 수구)로 갈려 첨예하게 대립했을 것이고, 보수 언론은 하루가 멀다 하고 나라가 거덜 날 것처럼 떠들었을 것이다. 시민사회도 갈라져 대립했을 것임은 불문가지다.

그러나 총선 이전부터 이미 대한민국은 이른바 '조국 사태'로 최악의 분열을 겪었고, 보수 언론의 집중포화가 전개된 상태였다. 그런 상황에서도, 아니 그런 상황이었기에 더욱 시민들이 입헌체제 내에서의 혁명을 요구했는지도 모른다.

따라서 대한민국의 미래를 위해 위에서 언급한 네 가지 의제를 당장 추진했어야 했다. 그리고 대통령 이하 모든 진보 세력은 단합하여 대한민국 적폐의 근원인 네 가지를 추진할 수밖에 없는 이유를 시민들에게 설명해야 했다.

그렇게 했다면 결과는 어땠을까?

대한민국은 광복 이후 지속돼온 폐습이 일거에 사라져 새로운 기반을 마련할 수 있었을 것이다(물론 네 가지 의제가 통과되었다고 해도 구악舊惡이 한꺼번에 일소되는 것은 아니겠지만). 네 가지 의제가 해결된 대한민국을 상상해보자. 놀랍지 않은가?

국가보안법 폐지만으로도 대한민국의 과거는 20세기의

유물로 사라질 것이다. 정치 체제 변경은 당연히 제왕적 대통령제 폐지, 다원적 사회의 요구를 수용하는 내각제(또는 비례대표의 전면적 시행)의 추진이다. 토지 공개념이 확립되면 더 이상 아파트 투기는 불가능하다. 사학법이 개정되면 교육을 돈벌이 수단으로 삼는 미국식 학교 장사는 끝이 나고, 유럽식 공교육이 확립될 수 있다.

더 이상 무엇을 바랄 것인가.

물론 대가를 치를 수 있다. 그렇다면 그 대가는 무엇일까? 정권 재창출 실패다. 그런데 결과적으로는, 새로운 기반도 마련하지 못하고 정권 재창출도 실패했다.

"그러면 다음 선거에서는 더 참패해서, 보수 세력에게 혁명이 가능한 의석을 건네줄 수도 있지 않은가?"

맞다. 그럴 수도 있다.

그러나 한번 폐지된 국가보안법을 다시 통과시키는 것이 가능할까? 한번 추진한 토지 공개념을 폐지하는 일이 쉬울까? 완전한 비례대표를 통한 다원적 정치 체제를 쉽게 되돌릴 수 있을까? 사학법을 과거로 돌리는 것이 가능할까? 최악의 경우를 상정한다고 해도 180명에 이르는 진보 국회의원 가운데 80명의 낙선뿐이다.

정치인과 정상배(政商輩)의 차이는 간단하다. 정치인은 나라와 사회를 위해 행동하고, 정상배는 자신을 위해 행동한다. 조금 현실적으로 말한다면, 정치인은 어떤 자리에서건 한 번만 할 각오로 대의를 위해 일하고, 정상배는 다음 선거에서 승리하기 위해 이런저런 눈치를 본다.

도대체 진보 세력은 왜 정치를 하는가? 재선, 3선, 4선, 5선 국회의원이 되어 시장이나 도지사가 되고, 뒤이어 대통령을 하기 위해 정치를 하는가? 아니면 4년 동안 나라의 미래를 위해 자신을 던지고자 하는가?

문재인 정부 역시
책임에서
자유롭지 못하다

2018년 9월 19일, 평양 능라도 5·1종합경기장. 1948년 남북에서 각기 단독정부가 수립된 이후 가장 극적인 장면이 연출되었다. 15만 명의 북한 주민 앞에서 남한의 문재인 대통령이 연설을 한 것이다.

연설 내용은 중요한 것이 아니다. 연설이라는 행위 그 자체가 이미 역사다. 그리고 이 무렵 문재인 대통령의 지지율은 최고를 기록했다. 그런데… 이후 전개된 과정은 우리 모두가 아는 바와 같다.

시간을 거꾸로 돌려 북한 당국이 능라도 경기장에서 문재인 대통령에게 마이크를 넘긴 행동을 반추해보자. 대한민국에는 15만 명이 들어가는 경기장이 없으니 상상도 하기 힘들지만, 월드컵경기장에 가득 들어찬 남한 주민 앞에서 김정은 국무위원장에게 마이크를 넘겼다고 상상해보자. 미디어를 통해 외국 정상들을 수시로 보고 그들의 연설도 들어본 남한 시민들에게도 이 사건은 역사 그 자체가 될 것이다. 하물며 평생 외국 정상 모습 한번 보기 힘든 그들에게 눈앞에서 남한 대통령이 연설을 하다니! 이런 극적인 역사를 연출하는 데는 다 그만한 까닭이 있을 것은 당연하다.

그런 놀라운 환대를 받고 돌아온 문재인 대통령은 이후 무엇을 했나?

아무것도 하지 않았다.

당연히 돌아오자마자 개성공단 재가동을 실시해야 옳았다. 개성공단 가동 중단은 국제사회의 합의에 의한 것도 아니었고, 어떤 원칙도 없이 이루어진 것이었다. 그러므로 개성공단 가동 재개는 대한민국 정부의 결단만으로도 충분히 가능하다. 물론 미국의 동의가 있으면 더 좋겠지만, 가동 중단을 미국의 지시를 받고 한 것이 아닌 한 그럴 필요도 없다.

그런데 문재인 정부는 이후 북한을 상대로 립서비스 외에 아무런 조치도 취하지 않았다. 만일 김정은에게 월드컵경기장에서 남한 시민을 상대로 연설할 기회를 제공했는데 돌아가서 아무런 조치도 취하지 않으면, 우리 정부는 어떻게 될까? 세계의 웃음거리가 될 것은 불문가지다.

종교가 없는 북한에서 신과 같은 존재인 김정은이 능라도경기장에서 문재인 대통령에게 보인 행동을 보라. 윗사람으로서 깍듯하게 예우하고 환대했다. 그런데 그렇게 깍듯하게 모신 사람이 아무런 보답을 하지 않은 것이다. 이런 대우를 하고서도 다시 북한의 환대를 기대하는 것은 있을 수 없는 일이다.

그리하여 문재인 정부의 대북 정책은 용두사미로 끝나고 만다. 오늘날 문재인 정부의 대북 정책이 진보 세력 지지자들에게는 아무 기억도 없는 반면 보수 세력 지지자들에게는 친북·용공 정권으로 공격을 받는 것도 어쩌면 당연한 귀결이다.

이러려고
당신들에게 표를 준 것이
아니다

대한민국 정부 수립 이후 가장 강력한 권한을 부여받은 제
21대 국회가 임기 내내 아무 일도 하지 않는다면 우리는 왜
투표를 해야 하나?

사실 이런 질문을 스스로에게 한 정치인이 있었다. 바로
박정희다. 그가 보기에 자신이 다스리는 대한민국 시민들은
서구식 민주주의를 누릴 자격이 없는 '개돼지'에 불과했다.
결국 그는 국회의원 선출 방식을 바꾸었다. 3분의 2는 시민
들에게 민주주의의 주인인 척하는 권리를 부여하기 위해 직
접선거로 선출했고, 3분의 1은 '진정으로 나라의 미래를 걱
정하고 탁월한 능력을 갖춘' 자신이 선출하기로. 그렇게 해
서 탄생한 것이 '유신정우회'였다. 유신정우회는 역시 박정
희 자신의 정치철학을 바탕으로 만든 유신헌법에 따라, 대
통령의 추천으로 통일주체국민회의에서 선출된 전국구 국
회의원들이 구성한 원내교섭단체였다. 결국 박정희 집권 동

안에는 실질적으로 박정희가 원하는 모든 법을 통과시킬 수 있었다. 조금만 노력하면 개헌도 식은 죽 먹기였다.

그런데 2020년에는 독재자가 아니라 시민 스스로가 그런 상황을 만들어낸 것이다. 얼마나 답답했으면 그랬겠는가. 그럼에도 시민의 권리를 위임받은 이른바 진보 세력 국회의원들은 이제까지도 허송세월을 하고 있다. 오직 자신들의 다음 선거만을 걱정하면서.

당연히 2022년 대선에서는 패배할 수밖에 없었다. 사실 25만 표 차이로 석패한 것도 보수 세력을 대표하는 후보가 워낙 부족해서였다. 만일 조금만 더 합리적인 인물이 나왔다면 수백만 표 차이로 패했을 것이 분명하다.

2024년 4월 10일까지 ──────────────

해야 할 일

양당제와 다당제

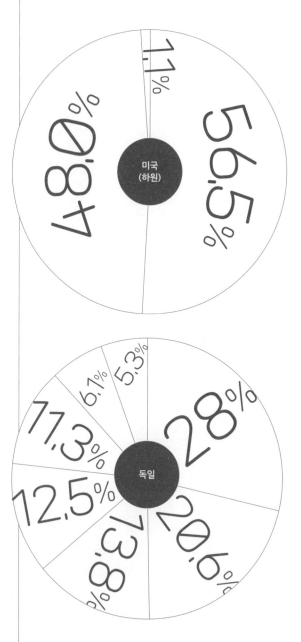

대한민국에 걸맞은
헌정 체제는
무엇인가?

2022년 3월 9일 벌어진 이 불가사의한 일을 많은 이들이 반추하고 또 반추하는 까닭이 무엇일까?

선거가 끝난 후 한 신경정신과 의사는 이런 말을 했다.

"이번 선거 결과에 이른바 지성인들께서 크게 상처를 받으셨더라고요."

그렇다고 윤석열 후보를 지지한 유권자가 무지한 사람들이라는 게 아니다. 이번 선거 결과에서 도출된 문제의식이 이른바 먹물들의 의식에 큰 상처를 냈다고 보아야 할 것이다. 그리고 그 문제의식의 핵심은 '과연 대한민국이라는 나라가 시민들의 합리적인 의사결정이 가능한 나라인가?' 하는 점일 것이다.

'내 편이냐 남의 편이냐' 하는 점은 사실 불만의 요인은 될지언정 절망의 요인은 될 수 없다. 그러나 '합리적이냐 비합리적이냐' 하는 점은 충분히 절망의 요인이 된다. 비합리적인 사회를 절망적으로 느끼지 않는다면 그야말로 지성인이라고 할 수 없기 때문이다. 1%의 특권층, 20% 남짓한 중산층, 그리고 79%의 서민으로 구성된 사회에서 대다수가 1%를 위해 자신의 권리를 오용하는 사회는 비합리적이고, 그러한 사회의 미래는 암담하기 때문이다.

더 절망스러운 것은 시민 대다수 의사를 결정하는 언론이 날이 갈수록 자본의 지배를 받을 것이라는 점이다. 이미 대한민국 언론은 자본의 지배 아래 놓여 있다. 그리고 그 정도는 날이 갈수록 심해질 것이다.

국경없는기자회가 매년 발표하는 세계 언론자유지수 순위를 보면, 대한민국 시민 다수가 자유민주주의의 본산이라고 여기는 미국의 언론자유지수가 의외로 낮다는 것을 알 수 있다. 이명박·박근혜 정부 아래에서는 미국이 한국보다 높았지만, 문재인 정부에 들어서면서는 비슷하거나 오히려 한국의 언론자유지수가 더 높은 것을 알 수 있다.

왜 그럴까?

언론 자유라는 것은 단순히 언론 기사에 대한 검열만을 평가하는 것이 아니다. 언론 자유는 '언론인과 미디어에 대한 직접적인 공격과 언론의 자유에 대한 간접적인 압력'이 어느 정도인가가 핵심이다. 물론 언론자유지수가 매우 낮은 나라의 경우 언론인과 미디어에 대한 직접적인 공격이 빈번

언론자유지수(Press Freedom Index) 순위

	대한민국	미국
2013년	50	
2014년	57	46
2015년	60	49
2016년	70	41
2017년	63	43
2018년	43	45
2019년	41	48
2020년	42	45
2021년	42	44
2022년	43	42

*국경없는기자회

하지만, 이른바 형식적 민주주의를 채택한 나라에서 그러한 경우는 흔치 않다.[33] 미국의 언론 자유 순위가 생각보다 낮은 것은 언론에 대한 간접적인 압력이 어느 나라보다 크기 때문일 것이다. 오늘날 텔레비전을 포함해 라디오, 신문, 인터넷 등 대부분 매체가 광고주로부터 독립적이지 못하다. 광고 없이 살아남을 수 있는 매체는 극히 드물다. 그러니 그러한 매체가 광고주의 눈치를 보지 않을 수 없는 것이 현실이고, 이는 당연히 취재 불가 영역의 확장으로 이어진다.

　문재인 정부 들어서 정부에 비판은 고사하고 비난, 나아가 욕설과 행패를 부리는 언론 그 어느 곳이 제재를 받았다는 말을 들어본 적이 없다. 그런데도 언론 자유가 세계 40위대에 머무는 것은 대한민국의 많은 매체가 자본의 영향 아래 놓여 있음을 반증한다. 과거 보수 정권 아래에서 늘 추락했던 언론자유지수를 고려한다면 윤석열 정부 아래에서는 당연히 언론 자유가 위축될 것이다. 간접적인 압력에 더해 직접적인 영향력까지 강화될 것이 분명하기 때문이다.

지금은 정치경제가 아닌, 경제정치 시대

그러나 이러한 민주주의 위기를 심각하게 받아들이는 시민의 비율은 얼마 안 된다. 대부분 사람들은 언론 자유를 비롯한 민주주의 따위보다는 당장 내 통장에 얼마가 입금되는지가 훨씬 중요하기 때문이다.

사실 언론 자유를 비롯한 민주주의 체제의 완전한 성립이 장기적으로 나의 경제적 수익과 그로 인한 안정된 삶을 결정하지만, 많은 사람들이 그렇게 오래 기다릴 수도 없고, 언론 자유와 민주주의, 시민의 안정된 경제적 삶 사이의 연관성을 이해하지도 못한다. 누군가는 이를 차별적인 반민주적 시민관이라 해도 어쩔 수 없다. 모든 시민이 위대하지도 않을뿐더러 민주주의 체제가 성숙기에 접어든 선진 여러 나라 시민들의 활동을 보아도, 모든 시민의 정치의식이 합리적으로 확립된 것 같지도 않다.

특히 자본주의가 성숙 단계에 접어든 오늘날, 세계 시민들의 화두는 정치적 개념(민주적 정체政體, 정의의 구현, 평등한 사회 등)보다는 경제적 풍요라고 할 수 있다. 그래서 이제 '정치경제'라고 불리던 단어는 '경제정치'라고 불리는 것이 더 적절해 보일 정도다.

그러나 그럴수록 정치인의 존재 의미는 더 커진다고 할 수 있다. 생존을 위해 정치에 신경 쓰지 못하는 시민들을 위해 '대의(代議)'하는 존재가 바로 정치인이니 말이다.

그렇다면 대한민국 정치인들은 제대로 대의정치를 행하고 있을까?

대의(代議)하지 못하는 대의정치

'대의정치'는 '국민이 스스로 선출한 대표자를 통하여 국가 권력을 행사하는 정치 제도'라고 할 수 있다. 이 말을 잘 따져보면, 대의정치의 핵심은 '국민이 국가 권력을 행사'하는 데 있다. 다만 직접 국가 권력을 행사하는 것이 아니라 대표자를 통하여 행사한다는 차이가 있을 뿐이다.

그러므로 대의정치가 이루어지기 위해서는 '국민이 국가

권력을 자기 뜻에 따라 행사할 수 있도록 대표자를 선출하는 것'이 핵심이다. 국민이 자기 뜻을 구현해줄 대표자를 선출하지 못한다면 그것은 대의정치도 아닐뿐더러 민주정치도 아니다.

그렇다면 대한민국 정치는 민주적 대의정치일까?

아무리 판단해보아도 아니다. 왜?

대한민국 정치의 핵심은 대통령제와 양당제로 규정할 수 있다. 물론 가끔 다당제가 구현되기도 하지만 근본적으로는 양당제라고 봐도 무방하다. 대통령제는 헌법으로 규정하지만 양당제는 헌법이나 법률에 등장하지 않는다. 양당제가 구현되는 것은 선거제도 결과에 따라 드러나는 것이지, 법에 의해 규정된 것은 아니라는 말이다.

그렇다면 우리나라 선거제도의 특징은 무엇일까?

대통령선거는 다수결 원칙, 국회의원 선거는 소선거구제다. 이러한 제도가 민주적이라는 데 의문을 품는 이는 별로 없을 것이다. 그러나 사실은 매우 비민주적인 제도임을, 역사와 현실이 모두 알려주고 있다. 왜 그럴까?

2022년 제20대 대통령선거에서 확인한 것처럼, 대통령선거의 다수결 원칙에 따라 총 투표자 가운데 50%도 채 안 되는 지지를 받은 후보가 모든 행정부의 권한을 행사하는 것이 과연 민주적일까? 투표자가 아니라 유권자, 즉 시민 가운데 대표를 선택할 권리가 있는 시민으로 확대하면 지지율은 고작 26.9%에 불과하다. 네 명 가운데 한 명의 선택을 받은 이가 행정부의 전권을 휘두르는 상황이 어떻게 민주적이라는 말인가. 만약 민주주의의 발상지라고 하는 고대 아테네 시민들이 본다면 어이가 없다고 할 가능성이 높다.

그래서 세계 각국은 다양한 방식으로 이러한 문제점을 보완하고 있다.

가장 대표적인 방식이 결선투표제다. 1차 투표에서 투표자의 50% 이상 득표를 한 후보가 없는 경우, 1, 2위 후보를 대상으로 다시 2차 투표를 거쳐 과반수 이상 득표한 후보를 당선자로 선포하는 것은 형식적 민주주의를 완성하기 위한 고육책이라고 할 수 있다. 2차 투표에서라도 과반수 이상 선택을 받았다면 형식적으로라도 민주주의의 최소한은 지켰다고 해석할 테니까. 그러나 우리나라는 이런 형식적 방식조차 도입하지 않고 있다. 몇 년 전부터 결선투표제 도입이 필요하다는 의견이 나오고 있으나 실현되지 않고 있다.

다음으로 국회의원 선거의 소선거구제, 즉 한 선거구에서 1등 당선자만 당선시키는 방식은 오래전부터 비민주적이라는 데 공감대가 형성되어 있다. 그리하여 제21대 총선에서는 소선거구제의 문제점을 보완하기 위해 연동형 비례대표제를 도입했으나, 인류 역사에도 길이 남을 위성정당을 통한 비례대표 입후보라는 양당의 '꼼수'에 막혀 실질적인 효과를 거두지 못했다. 결과적으로 대한민국 선거 방식은 대통령이건 국회의원이건 모든 시민의 정치적 의사를 대변하기에는 적절하지 않다.

그런데 왜 적절한 방식이 논의되지 못하는 것일까?

당연히 기득권 정치인들에게 현재 방식이 유리하기 때문이다. 어떤 의미에서 유리한 걸까?

첫째, 같은 인구에 두 개 정당이 존재하는가, 세 개 이상 정당이 존재하는가에 따라 각 정당별 사회적 자산의 보유량이 달라진다. 사회적 자산이 정당에 대한 지원금이 되었건 권력의 크기가 되었건, 두 당이 분점하는 것과 세 개 이상 정당이 분점하는 것 사이에는 큰 차이가 있다. 그러니 현재 두 당이 분점하고 있는 상황에서 그들이 앞장서 세 개 이상 정당이 자리할 수 있는 체제를 만들 리 없다.

둘째, 두 개 정당이 존재하는 경우, 각 정당이 특별한 정책적 노력을 기울일 필요가 없다.

이는 생각보다 매우 중요한 문제라 자세히 살펴보기로 한다.

일반적으로 특정 사안에 대한 사람의 태도는 가부(可否) 또는 OX로 나누기 힘들다. 그래서 대부분 조사 또는 평가는 다섯 가지로 구성된다.

매우 그렇다 - 그렇다 - 보통이다 - 아니다 - 매우 아니다

매우 좋다 - 좋다 - 보통이다 - 나쁘다 - 매우 나쁘다

특정 정책에 대해 평가하는 정치적 판단 역시 이 범주에서 크게 벗어나지 않을 것이다. 대부분 정치 선진국들에서 다당제가 일반적인 것은 시민들의 다양한 의견이 정치에 반영되도록 하기 위해서다. 그런데 선택지가 두 개밖에 안 되는 경우, 양당은 특별히 세밀한 정책을 개발할 필요가 없다. 어차피 사회는 크게 보수 세력과 진보 세력으로 나뉘는바, 이들에게는 자신들밖에 선택지가 없다는 사실을 너무나 잘 알기 때문이다.

결국 주류 정치 세력에 만족하지 못하는 시민들은 차악(次惡)을 선택하거나 선거를 포기하는 행동을 택할 수밖에 없다. 또한 많은 시민들이 자신의 의견을 표출하기 위해 선거라는 민주적 제도 외에 다른 행동을 택하기도 한다. 대한민국 시민들의 시위가 세계 어느 나라에 비해 평화로우면서도 적극적인 힘을 갖는 것 역시 이러한 결과 탓일지도 모른다. 자신들의 정치의식을 따라가지 못하는 체제에 대한 불만으로 인해 시위를 통한 의사 표현 욕구가 큰 것일 수 있다.

예를 들어보자. 대한민국에서 환경보호를 위해 노력하는 이가 있다면 그는 과연 어떤 당을 선택해야 할까? 녹색당?

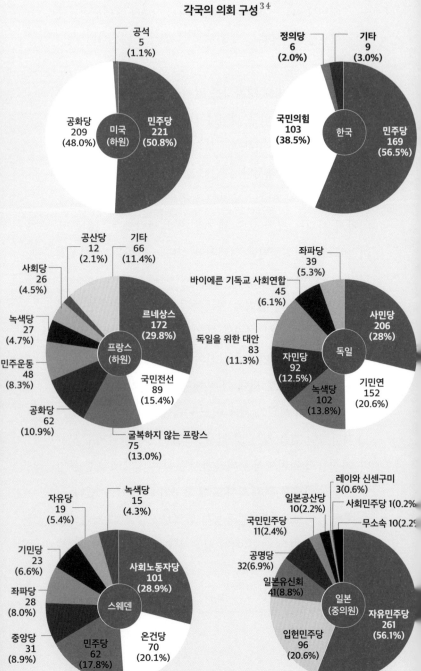

각국의 의회 구성 [34]

미국 (하원)
- 공석 5 (1.1%)
- 공화당 209 (48.0%)
- 민주당 221 (50.8%)

한국
- 정의당 6 (2.0%)
- 기타 9 (3.0%)
- 국민의힘 103 (38.5%)
- 민주당 169 (56.5%)

프랑스 (하원)
- 공산당 12 (2.1%)
- 기타 66 (11.4%)
- 사회당 26 (4.5%)
- 녹색당 27 (4.7%)
- 민주운동 48 (8.3%)
- 공화당 62 (10.9%)
- 르네상스 172 (29.8%)
- 국민전선 89 (15.4%)
- 굴복하지 않는 프랑스 75 (13.0%)

독일
- 좌파당 39 (5.3%)
- 바이에른 기독교 사회연합 45 (6.1%)
- 독일을 위한 대안 83 (11.3%)
- 자민당 92 (12.5%)
- 녹색당 102 (13.8%)
- 사민당 206 (28%)
- 기민연 152 (20.6%)

스웨덴
- 녹색당 15 (4.3%)
- 자유당 19 (5.4%)
- 기민당 23 (6.6%)
- 좌파당 28 (8.0%)
- 중앙당 31 (8.9%)
- 민주당 62 (17.8%)
- 사회노동자당 101 (28.9%)
- 온건당 70 (20.1%)

일본 (중의원)
- 레이와 신센구미 3 (0.6%)
- 사회민주당 1 (0.2%)
- 무소속 10 (2.2%)
- 일본공산당 10 (2.2%)
- 국민민주당 11 (2.4%)
- 공명당 32 (6.9%)
- 일본유신회 41 (8.8%)
- 입헌민주당 96 (20.6%)
- 자유민주당 261 (56.1%)

그렇다면 대한민국에서 녹색당을 선택하는 것이 정치적으로 어떤 의미를 가질까? 대한민국 국회의원 선거가 실시된 이래 녹색당은 단 한 차례도 득표율 1%를 넘긴 적이 없다. 득표율 3%에 도달하지 않으면 비례대표 당선자를 부여하지 않는 현행 선거제도 아래서 "녹색당에 투표하면 녹색당 국회의원이 선출됩니다"라고 설득하는 것이 합리적일까, 아니면 선거제도 자체를 바꾸기 위해 노력하는 것이 현실적일까?

앞의 도표에서 보듯이 미국은 민주당과 공화당이 100% 국회의원을 차지하고 있다(지역 대표인 하원의원 기준으로). 반면에 유럽 국가들은 다양한 정당이 지역 또는 이념에 따라 시민의 의사를 대변하고 있음을 알 수 있다. 시민의 대표인 국회의원은 한 사람 한 사람이 입법기관이자 한 세력을 대변하므로, 국회의원을 배출하는 세력이 다양할수록 그 사회의 다양한 의견이 취합될 수 있는 건 두말할 나위가 없다.

특히 과거와는 달리 사회를 구성하는 개인의 의사를 존중하는 시대적 변화에 부응하기 위해서는 다양한 정치 세력이 등장하는 것이 마땅하다. 정치 체제가 시민의 요구에 부응하지 않는다면 당연히 사회의 불만 세력은 증가할 것이고, 불만 세력의 요구는 극단적으로 치달을 경우 폭력성을 띨 게 분명하기 때문이다.

하다못해 우리가 정치 후진국으로 손가락질하는 일본도 다양한 정치 세력이 의회에 진출해 그들의 목소리를 행정부에, 사회에, 언론에 전달하고 있다. '위안부'의 존재를 시인하고 사과하며 일본의 역사 왜곡에 항의하고 일본의 핵 폐기를 주장하는 10명의 공산당원이 같은 의회에서 활동하는 한 "독도는 일본 땅!"을 외치는 극우보수 자민당 의원도 무소불위의 권력을 휘두르지 못하는 것이다.

마지막으로, 기득권 정치인들에게 현재 방식이 유리한 이유는 각 당의 지역구를 자신들만의 왕국으로 만들 수 있기 때문이다.

대한민국 정치는 지역구를 중심으로 운영된다. 각 지역구 책임자는 그 지역 국회의원이거나 당협위원장이다(사실 당협위원장이 누구인지 아는 시민은 별로 없을 것이다. 그저 각 지역구를 책임지는 인물이지만 국회의원이 못 된 사람 정도로 알 뿐이다). 이들을 중심으로 각 당 지역구가 운영된다. 그러다 보니 그가 어떻게 운영하느냐에 따라 대한민국 정당이 돌아간다고 보아도 크게 무리가 없다.

요즘 대부분 정당은 경선(競選)을 한다. 국회의원 후보건 도지사·시장·구청장 후보건 시의원·구의원 후보건 말이다. 이 역시 민주적으로 변모했다고 볼 수 있다. 그러나 실질을 보면 이것이 개선된 것인지 개악된 것인지 불분명하다.

예전, 그러니까 경선 없이 당 대표가 개인적 카리스마를 바탕으로 전권을 장악하고 있던 시절에는 당 대표의 뜻에 따라 당 밖의 참신한 인물을 영입해서 국회의원이나 시의원을 만드는 일이 비일비재했다. 누군가는 전제적 당 대표라고 비난할 것이고, 또 누군가는 나름의 인재 영입 시스템이라고 할 것이다. 김대중, 김영삼, 김종필의 이른바 '3김 시대'에는 서로 좋은 인재를 영입하기 위해 경쟁도 벌였으니 삼고초려라는 말이 어색하지 않은 시절이었다(그렇게 영입한 인재들 가운데 노무현, 문재인, 우상호, 이명박 등이 있다).

물론 오늘날에도 그런 방식이 없는 것은 아니다. 그러나 갈수록 경선이라고 하는 민주적 방식이 자리 잡는 것 역시 현실이다. 그런데 아이러니하게도, 민주적 방식이 참신한 인재의 등용을 가로막고 있다면 어떨까?

현실이 그렇다.

경선은 당연히 당원과 일반 유권자를 대상으로 하는데, 당원들의 뜻은 대부분 그 지역구 국회의원 또는 당협위원장의 의사에 좌우되기 마련이다. 또한 일반 유권자 대상의 여론조사에서는 기존 정치인이 당연히 유리할 것이다. 결국 새롭게 정치에 진입하려는 신인은 경선 문턱에서 밀려나기 마련이다. 그렇다고 다른 당을 선택할 기회도 없다. 어차피 양당이 풀뿌리 정치의 대부분을 차지할 테니 말이다.

예를 들어보자. 그 대표적인 지역구가 서대문갑이다. 서대문갑은 국민의힘 당협위원장이 이성헌이고, 더불어민주당(이하 '민주당') 국회의원이 우상호다. 두 사람의 맞대결은 벌써 20년이 넘는 것으로 유명하다. 그동안 4승 2패로 우상호가 앞선 지역구로 국회의원 선거 때만 되면 인구에 회자되는 지역이다. 그렇다면 서대문갑구 시민들은 이에 만족하고 있을까? 알 수 없다. 다만 2022년 대선이 끝난 후 치른 지방선거에서 이성헌은 서대문구청장에 입후보하여 당선되었다. 이때 국민의힘 예비후보들은 "심판이 경기에 출전했다"고 강력히 반발했지만, 당연히 경선에서는 그가 승리했다.[35] 그들이 이성헌에 비해 나은지 못한지는 우리 관심사가 아니다. 국회의원을 지냈고 20년 이상 이 지역 보수 세력을 다스리던 이가 갑자기 행정가가 되겠다고 나설 수도 있는 게 대한민국 정치라는 점이 안타깝다는 것이다.

그렇다고 민주당이 나은 것도 아니다. 아니, 더 나쁜지도 모른다. 이 지역에서 출마한 민주당 소속 서울시의원, 서대문구의원 후보는 한결같이 과거 이 지역에서 시의원 또는 구의원을 지냈거나 출마한 이들이다. 당선자 평균 연령은 국민의힘 당선자들보다도 더 높다. 대통령선거에서 패한 것을 반면교사 삼아 당을 새롭게 일신하겠다는 의지 따위는 찾아볼 수 없었다. 게다가 이 지역을 총괄하는 우상호가 2022년 대통령선거에서 이재명 후보 총괄선거대책본부장을 지냈다가 선거 패배 후에는 또다시 비상대책위원장이 되었음을 상기하면 더더욱 아쉽다.

제대로 나라 만들 마지막 기회

2022년 대선의 불가사의, 그리고 연이은 지방선거에서 대한민국 진보 세력을 대표하는 민주당이 보여준 행태를 보고 시민들이 "대한민국에 진보정치는 없다"라고 판단 또는 절망하는 것이 당연하다. 보수가 현재에 만족하는 태도라면 진보는 미래를 향해 나아가는 것이다. 그런데 대선 패배 후 민주당의 모습을 보면 미래를 준비하기는커녕 현재 상황도 제대로 분석하지 못하고 있는 게 현실이다. 그러니 상식을 갖춘 시민들이 절망하는 것도 무리가 아니다.

이순신의 말로 유명한 '생즉사 사즉생(生卽死死卽生)', 즉 '살고자 하면 죽고, 죽고자 하면 산다'는 말은 참으로 천금의 가치를 지닌 명언이다. 그러하기에 누구나 실천에 옮기기는 힘들다. 특히나 오늘날 진보 세력이라고 하는 민주당 국회의원들에게 요구하기는 더더욱 어렵다. 민주당 국회의원들 가운데 다수는 정치인이라기보다는 정상배에 가깝기 때문이다. 그러나 모두 정상배가 아닌 것도 진실이고, 더구나 보수 세력의 정상배 수준에 비하면 아무것도 아니다. 그러니 아무리 가능성이 작다 하더라도 포기해서는 안 된다.

그러하기에 이제 시민이 나서야 할 때다. 시민들이 나서서 2024년 4월 이전에 나라를 제대로 만들도록 압력을 가해야 한다. 대통령 권한은 보수 세력에 내주었지만, 아니 내주었기 때문에 더더욱 시민이 만든('만들어준'이 아니다. 시민이 '만든' 입헌적 혁명 권력이다) 권리를 이용해 시민이 바라는 바를 실천해야 할 의무가 민주당 국회의원들에게 있는 것이다.

촛불을 들자거나 점잖게 각성을 요구하는 따위의 칼럼을 쓰는 행위는 당장 멈추어야 한다. 이제 상식적 시민들이 해야 할 일은, 구체적으로 "이렇게 하라!"라고 요구하는 것이다.

이제는
시민이 나서야 할 때:
"이렇게 하라!"

그 첫 번째는 새로운 시대에 걸맞은 헌정 체제를 만드는 것이다. 그리고 지금과 같은 다원화한 시대에 시민의 다원적 요구가 구현될 수 있는 가장 좋은 체제는 의원내각제다.

사실 세계 각국이 채택하고 있는 헌정 체제는 우리가 생각하는 것보다 훨씬 다양하다. 극단적으로는 일당 독재부터 군주제, 의원내각제, 대통령제, 그리고 여러 요소를 혼합한 제도까지 각 나라 상황에 맞추어 독자적인 방식을 채택하고 있다.

대한민국이 70여 년 이상 채택해온 대통령제도 사실은 미국 등 아메리카 대륙과 중앙아시아, 아프리카 등에 편중된 제도다. 대한민국이 대통령제, 그 가운데서도 제왕적 대통령제를 채택한 것은 광복 후 남한이 미국의 막강한 영향력 아래 있었기 때문이다. 게다가 초대 대통령을 지낸 이승만은 뼛속까지 친미(親美)였을 뿐 아니라 자신을 '국부(國父)', 즉

'나라의 아버지'라고 여긴 인물이었다. 그는 부통령 이하 모든 관료가 '아버지'인 자신의 뜻에 따라야 한다고 여겼고, 이는 우리나라에서 제왕적 대통령제가 정착하게 된 까닭이다. 그러나 전 세계적으로는 의원내각제를 채택한 나라와 시민이 가장 많다.

하나, 건전한 보수와 합리적 진보가 공존할 수 있는 선거제도

세계적으로 합리적인 사회 대다수는 의원내각제를 채택하고 있지만, 대한민국에서는 의원내각제가 생경한 까닭에 시민들이 그렇게 급격한 변화를 견디기는 어려울 것이다. 게다가 의원내각제를 하기 위해서는 개헌이 필요한데, 2022년 대선 패배 후 국회 구성상 개헌을 하기는 어렵다. 그러니 2024년까지 의원내각제를 채택하자는 주장은 이상을 넘어 몽상에 불과하다.

그렇다고 해서 현재와 같은 제왕적 대통령제를 계속 끌고 갈 수는 없다. 더욱이 대한민국 진보 세력에게는 제왕적 대통령제에 반대할 수밖에 없는 까닭이 또 있다.

진보 세력이 배출한 대통령은 자신의 신념이 그렇건, 타고난 성정이 그렇건, 주위 여건이 그렇건 간에 가능하면 민주적인 방식을 따르고자 한다. 권력을 사용할 때도 정보기관을 이용한다거나 군부·검경 등 권력기관을 이용하는 폐습을 포기하는 경향이 있다.

반면에 보수 세력은 자신들의 선배가 그러했듯 이러한 권력기관을 남용하려는 유혹을 떨치기 쉽지 않다. 민주정부였던 김대중 대통령 이후에도 다시 권력을 잡은 이명박·박근혜 등 이른바 보수 세력 집권 당시 권력기관의 전횡이 이루어졌던 것만 보더라도, 이들이 그러한 폐습을 버리지 못하고 있음을 알 수 있다. 그러므로 더더욱 제왕적 대통령제는 하루빨리 개정되어야 한다.

따라서 궁극적으로는 의원내각제를 지향하더라도, 그 과도기를 시민의 거부감 없이 넘기기 위해서는 지역구 50%, 비례대표 50%를 기준으로 하는 국회의원 선거제도로 개헌할 것을 제안한다.

물론 이 방법만이 유일한 정답이라는 말은 아니다. 하지만 적어도 '수구–보수–중도–진보–급진'의 다섯 층위의 의견이 합리적인 비율로 국회에 진출할 수 있는 제도를 마련해야 한다는 것이다. 대한민국 사회는 OX나 찬반으로 구분할 수 있을 만큼 단순한 사회가 아니기 때문이다. 이런 사회 변화가 반영될 수만 있다면 지금과 같은 소선거구제를 채택한다고 해도 무리가 없을 것이다.

　한편 이러한 제도에 대해 보수 세력은 지속적으로 반대를 표명하고 있는데, 그야말로 근시안적 사고가 아닐 수 없다.

　오늘날 대한민국은 실질적인 양당제 국가이기 때문에, 선거를 통해 드러나는 것은 보수와 진보의 양분이다. 그러나 현실적으로 시민의 요구는 '수구-보수-중도-진보-급진'이다. 이들의 주요 정책을 살펴보면 대략 다음과 같을 것이다.

● 대통령제
● 의원내각제

세계 각국의 헌정 체제 현황. 지구상
면적으로 보면 대통령제를 채택한 나라가
다수를 차지하는 듯지만 실제로는
의원내각제를 채택한 나라와 시민이 가장
많다. 게다가 민주주의가 성숙 단계에 든
나라일수록 의원내각제를 채택하고 있음
또한 확인할 수 있다.

① 수구 : 인종차별(반反외국인노동자), 반페미니즘, 차별금지
법 반대, 반중·반북, 북진통일, 친미·친일, 사형제 부활, 노
조 탄압, 핵 개발, 전 산업 민영화, 친원전, 반이슬람, 국가
보안법 유지

② 보수 : 반페미니즘, 차별금지법 반대, 반중·반북, 반통일,
친미, 시장 중심 민영화, 친원전, 국가보안법 개정

③ 중도 : 차별금지법 찬성, 반중·반북, 평화통일, 친미, 국영
기업 민영화, 국가보안법 개정

④ 진보 : 페미니즘, 차별금지법 찬성, 중립 외교, 대북 대화,
연방제 통일, 민영화 반대, 재벌 개혁, 친노동자, 반원전,
국가보안법 폐지

⑤ 급진 : 페미니즘, 차별금지법 찬성, 중립 외교, 대북 경협
및 자유 왕래, 연방제 통일, 민영화 반대, 재벌 개혁, 친노
조, 금융산업 통제, 반원전, 국가보안법 폐지

그런데 앞서 살펴본 것처럼 양당제 국가인 대한민국에서
는 수구 파시즘 세력부터 합리적 보수 세력까지 모두가 하
나의 정당, 즉 국민의힘으로 귀결될 수밖에 없다. 결국 합리
적 보수 인사들까지 파시즘 세력과 한통속으로 매도된다.

그런데 누구나 아는 바와 같이 한 집단 내에 강경파와 온
건파가 공존하면 십중팔구 강경파가 승리한다. 그러니 국민
의힘 내의 합리적인 시장주의자나, 반북을 주장하지만 맹목
적인 친미·친일에는 선뜻 손을 들지 않는 인사들이 설 자리
는 좁고, 그들의 목소리는 확성기를 든 광인들 목소리에 묻
히고 만다.

그러면 진보 세력이라고 다를까.

그렇지 않다. 이른바 양두구육(羊頭狗肉) 식으로 겉으로는

과거의 학생운동 경력을 떠벌이며 민주화를 외쳤을 뿐 머릿속으로는 권력을 탐하는 이들이 많다. 그런데 이들 역시 민주당을 선택할 수밖에 없는 것도 대한민국 헌정 체제가 보수와 진보 양단간에 결판을 짓도록 형성되어 있기 때문이다.

2022년 대선과 지방선거 이후 불거져나온 이른바 '586 용퇴론'은 그러한 맥락에서 나온 주장이다. 이에 대해 많은 586세대[36] 정치인들은 억울함과 분함을 감추지 못할 것이다.

'왜 저 사이비 민주인사 때문에 나와 같은 진성 민주인사가 물러나야 한단 말인가?'

맞다. 그래서 진보 세력도 분리되어야 한다는 것이다. 보수에 가까운 진보와 보수와 타협할 수 없는 진보로 나뉠 때 비로소 정치권이 시민들의 의사를 제대로 반영할 수 있다.

둘, 차별금지법 제정

두 번째로 요구할 것은 '차별금지법 제정'이다.

현재 차별금지법을 반대하는 가장 큰 집단은 이른바 '보수 기독교 단체'다. 물론 이때의 '보수' 또한 앞서 살펴본 것처럼 왜곡되어 사용된 경우다.

유럽에는 기독교를 당명에 넣은 보수 정치 세력이 많다. 독일의 대표적인 보수 정당인 '기독교민주연합'을 비롯해 각

나라별로 기독교에 바탕한 보수 정당이 없는 나라가 드물 정도다. 그러나 그 대부분 나라에서 동성애는 물론 동성결혼까지 합법화되는 추세임은 두말할 나위가 없다. 당연히 유럽 기독교도들은 성 정체성 문제를 개인적 차원으로 이해하지 사회 전체의 문제, 나아가 신앙의 문제로 다루지 않는다. 그런데 대한민국 기독교에서만 동성애가 반기독교적이라고 주장한다면, 어느 기독교가 진정한 기독교인지 묻지 않을 수 없다.[37]

그뿐이 아니다. 차별금지법이 보호하고자 하는 소수자는 동성애자만이 아니다. 성별, 인종, 장애, 외모, 출신지, 국적, 가족 형태, 성적 지향, 학력, 종교 등에 따른 모든 차별을 없애자는 데 반대하는 것이 상식적인가? 이 법이 발의된 지 10여 년이 흘렀는데도 아직까지 보류하고 있다면 대한민국 국회는 이러한 차별이 당연하다고 여기는 것인가 되묻고 싶다.

시민의 여론 또한 차별금지법 제정에 결코 부정적이 아니다. 2021년 11월 25~26일에 걸쳐 케이스탯리서치가 전국 성인남녀 1,027명을 대상으로 조사한 바에 따르면, 차별금지법 제정에 찬성한다는 응답이 70%를 넘어 반대 21.7%의 세 배를 능가했다. 그런데 왜 차별금지법 제정에 소극적인 것일까? 입헌 혁명이 가능한 권리까지 부여했는데 이런 법조차 통과시키지 못하는 정당을 바라보는 시민들의 마음이

어떨지, 민주당을 비롯한 이른바 진보 세력 국회의원들은 자신의 모습을 되새겨보기 바란다.

셋, 국가보안법 폐지

세 번째로 요구할 것은 '국가보안법 폐지'다.

법에는 가역적(可逆的)인 법과 불가역적(不可逆的)인 법이 있다. 제정하거나 개정했다고 해도 다시 제·개정하여 변경할 수 있는 법과 그렇게 되돌리기 어려운 법이 있다는 말이다.

대한민국에서 국가보안법(國家保安法)이 처음 제정된 것은 1948년 12월이었다. 이때 한반도는 남한만의 단독정부 수립과 이에 저항하는 남쪽 사회주의 세력이 일으킨 이른바 '여순(여수·순천)반란사건'으로 인해 온 나라가 혼란에 빠진 상태였다. 이때 준전시(準戰時)의 혼란을 수습하기 위해 제정·집행한 것이 국가보안법이다.

그 후 1953년, 대법원장 김병로는 "국가보안법의 주요 내용이 새 형법에 수록되었으므로 국가보안법은 폐지해도 된다"고 발표했으나 실행되지 못했다. 그리고 박정희 독재정권이 들어서면서 국가보안법은 그 실체와는 무관하게 이른바 반정부 인사들을 친북 인사로 낙인찍는 수단으로 악용되기 시작한다.

그렇게 체제 수호에 동원되자 이 법은 더 이상 폐지를 논할 수 없는 존재로 격상된다. 그 후 국가보안법은 '그 실효성이 있느냐 없느냐, 형법이 국가보안법을 대체할 수 있느냐 없느냐' 같은 건설적인 논의는 사라지고, 친북이냐 반북이냐 하는 이념 대립의 상징물이 되고 만다.

세계 유일의 분단국가인 한반도에서 이념 대립의 상징물이 되는 순간 그 존재는 금기어가 된다는 것을 누구나 알고 있다. 그러하기에 이른바 민주정부 3기를 지나는 동안에도 국가보안법은 무용론(無用論)만 난무할 뿐 폐지될 수 없는 불가역적 존재가 된 것이다.

이제 그 무의미한 논쟁에 종지부를 찍어야 한다.

물론 국가보안법을 폐지하는 순간 대한민국은 일대 소란에 빠질 것이다. 그러나 그 소란은 언젠가 한 번은 겪어야 할 일이다. 국가보안법 폐지라고 하는 백신을 맞는다면 더 이상 사회 구성원이 이념의 노예가 되는 일은 사라질 것이다. 그리고 그 일은 가능한 한 빨리, 2024년 4월 총선이 실시되기 1년 전에 이루어져야 한다. 그러면 그 1년 동안 사회는 혼란과 토론, 조정, 반성을 거치면서 균형을 잡을 것이다.

만일 균형을 잡지 못하고 진보의 범선이 난파당하면 어떡하느냐고?

어차피
당신들은
살아남지 못한다

그야말로 우문이다.

지금처럼 행동한다면 2020년 총선처럼 시민들은 2024년에도 입헌 쿠데타가 가능한 권한을 국회에 부여할지도 모른다. 2022년 지방선거는 그 조짐을 보여준 사례다. 그러나 말 그대로 조짐만 보여주었을 뿐이다. 2018년 지방선거나 2020년 총선에서는 보수 세력이 초토화되었지만, 2022년 지방선거에서는 진보 세력이 초토화되는 수준까지는 패하지 않았다.

왜 그럴까?

적극적 진보 세력 입장에서는 윤석열 후보의 당선이 말 그대로 불가사의한 사건이었고, 이를 도저히 받아들일 수 없었다. 그러니 대선 이후 민주당의 행태가 아무리 불만이라고 해도 지방선거에서 대선의 어이없음에 대해 의견 표출을 한 것이다.

그러나 2024년 총선은 다르다. 왜 그럴까?

향후 윤석열 정부는 어떻게 나아갈까? 그 모습을 앞서 구현해보자. 세부적인 부분에서는 차이가 있을지 모르지만 크게는 다음에서 벗어나지 않을 것이다.

첫째, 보수 언론과 함께, '거야(巨野) 국회 때문에 국정과제가 전혀 진척되지 못한다'는 여론전을 끊임없이 펼칠 것이다. 예전에 노무현이 "대통령 못해 먹겠다"고 솔직히 토로한 상황이 윤석열 정부에서도 그대로 재현되는 셈이다. 그러나 그때는 온 언론이 노무현에게 등을 돌렸지만 이번에는 상황이 다르다. 노무현 정부와는 달리 방송사도 장악할 것이고(이명박·박근혜 정부 때 이미 경험해보지 않았나. 보수 세력의 뇌리에는 정권을 잡으면 모든 분야에서 무소불위의 권력을 휘두를 수 있다는 전통이 새겨 있다), 보수 언론은 두말할 나위도 없다. 이런 상황을 이겨낼 전략과 프로파간다 능력이 진보 세력에 있는가?

둘째, 재벌과 대기업은 윤석열 정부에 적극적인 구애를 할 것이다. 그것이 립서비스에 불과한 투자가 되건, 경제 활성화에 필요한 다양한 정책적 요구가 되건. 그리고 그 모든 책임은 결국 국회의 다수를 차지한 진보 세력의 부담으로 돌아올 것이다. 언론을 장악하고 있을 뿐 아니라 일정 부분 국회(보수 세력이건 진보 세력이건 막론하고)도 장악하고 있는 재벌로서는 이 정도야 어려운 일이 아니다.

셋째, 분명 노사분규가 일어날 것이다. 사실 국회에 압도적 다수의 야당이 있는 한 윤석열 정부로서는 어떠한 사회적 혼란에 대해서도 책임질 필요가 없다. 거기에는 윤석열-김건희 팬덤 현상도 한몫할 것이고, 언론의 부추김은 그 도를 넘어설 것이기 때문이다. 결국 모든 정책적 노력은 윤석열 정부의 몫, 실천의 장애는 야당 몫이 될 것이다. 그런 상황에서 노사분규가 일어나면 책임은 누구 몫일까? 당연히 진보 세력 몫이다.

노사분규는 노동자의 입지가 불안하거나 위축될 때 발생하는데, 세계적으로 2022년 이후 약 10년간은 강자의 시간이다. 지난 10여 년간 풀린 막대한 달러는 세계적인 인플레이션을 야기할 것이고, 인플레이션은 당연히 서민층에 더 큰 부담으로 다가온다. 또한 인플레이션이 수요를 위축시키고 결국 일자리를 감축시킨다는 것은 상식에 속한다.

그러니 노사분규는 필연적인데, 사용자 친화적인 윤석열 정부는 노동자에게 강력한 압박을 가할 것이고, 이는 다시 노동자의 강력한 반발을 불러올 것이다. 그런 상황에서 90% 이상 언론이 정부 편을 들 때 과연 민주당을 비롯한 진보 세력은 어떤 태도를 취할 수 있을까?

이때 노동자 편을 들거나 정부의 강압적 노동 정책을 비판하는 것은 수세적인 방식에 불과하고, 성공 확률 역시 매우 낮다. 이런 현상은 과거에 수도 없이 겪은 바가 있다. 따라서 민주당을 비롯한 진보 세력이 진실로 세상을 바라보는 안목과 세상을 바꾸려는 의지·능력이 있다면 지금부터 그 모습을 보여주어야 한다.

그리고 그러한 사회적 변화가 감지될 때 진보 세력은 수세(守勢)가 아니라 공세(攻勢)를 취해야 한다. 노동자들이, 시민들이 세상을 더 낫게 만들기 위해서는 눈앞의 이익을 위해 싸우는 것이 아니라 진짜 새로운 세상을 만들어야 한다고, 각성하고 행동하도록 추동(推動)해야 한다는 것이다. 그 추동력을 개발하고 제시하라고 국회의원들에게 세계에서도 유례가 없는 인적·물적 지원을 하고 있지 않은가? 그런 정책도 제시하지 못할 거라면 당연히 대한민국 국회의원에게 부여된 인적·물적 지원은 취소되어야 한다. 그리고 그 공세의 시작은 앞서 언급한 세 가지 입헌적 혁명 정책이다.

넷째, 대통령 부부는 끊임없이 포퓰리스트적 행동을 할 것이다. 포퓰리즘의 핵심은 시민이 요구하는 정책에 부응하는 것이 아니다. 사실 민주주의에서 모든 정책은 사전적으로 포퓰리즘이거나 포퓰리즘적 요소를 내포하고 있지만, 흔히 말하는 포퓰리즘이란 아무 정책적 요소도 없이 막연히 시민들의 호감을 사기 위해 행하는, 부정적인 의미에서 프로파간다적 행동을 가리킨다.

여기저기 돌아다니며 시민들과 사진 찍고, 그들의 헐벗고 가난한 집안을 찾아다니며 위로하고 쌀과 연탄을 안겨주는 것, 그것이 포퓰리즘이다. 따라서 포퓰리스트들의 가장 큰 특징은 정책적 능력이 부족한 것이다. 정책으로 승부하지 못하기 때문에 일상생활 속 자잘한 행동으로 승부하고, 구호로 승부하는 것이다. 그러한 행동을 이전의 어떤 대통령 부인보다 더 잘할 분이 윤석열 대통령 배우자인 김건희 여사다.

이러한 행동은 언론이 제 역할을 할 때는 그야말로 값싼 포퓰리즘으로 평가받을 것이다. 그러나 언론이 정부 편에 설 때는 전혀 다른 결과를 가져온다.

(상) 우리가 알기를 나랏일은 아랫사람이 하지 대통령이 하나? 하지만 대통령은 하루 온종일 한시라도 정무에 손을 뗄 사이도 없이 국내외의 모든 면의 정무에 여념이 없다. 삼천만의 식구를 거느린 윗사람으로의 걱정은 더 큰 것이 있다. 모르면 묻고 가르쳐주는 노 대통령은 봄 양지에 앉아 무슨 서류인지 분주히 처결하고 있다.

(하 좌) 일요일이면 가느다란 낚싯대를 들고 연못가를 찾는다. 고기를 잡아서는 도로 놓아준다. 고기를 잡기 위함이 아니요, 낚기 위한 유일한 오락이다. 이 시간이 대통령에게 있

1950년 3월 26일자 《동아일보》에 실린 이승만 기사.

어서는 무엇보다도 즐길 수 있는 짧은 시간의 휴양이라 하겠다. 맑은 물 위를 마음껏 헤엄치며 노는 고기떼를 바라보는 대통령의 모습은 한없이 즐겁고 성스러워 보인다.

(하우) 사람은 일을 해야 한다는 근로 원칙을 철칙으로 삼고 일종의 운동을 겸한 장작 패기는 손수 시간만 있으면 도끼를 들고 뜰로 나간다. 우리가 생각하는 바와는 딴판으로 훌륭한 솜씨로 힘껏 내려치는 도끼는 대작을 보기 좋게 두 동강을 낸다. 이것은 대통령이 일찍이 망명 생활로부터 지켜 내려오는 유일한 근로 작업의 시간이라 한다.[38]

이런 기사를 쓸 수도 있는 것이 언론이다. 오늘날 언론이 정도를 걷고 있다고 믿는 시민은 별로 없겠지만, 이 정도 기사를 쓸 수 있을 거라고 예상한 시민도 별로 없을 것이다. 더욱이 이승만 시대에는 어쩔 수 없어서 쓴 기사겠지만(이승만이 폐간 또는 정간시킨 신문이 《경향신문》과 《동아일보》 두 곳이었으니 생존을 위해 쓴 것이 분명하다), 오늘날에는 적극적으로 나서서 이런 기사를 쓸 언론이 부지기수다.

윤석열 대통령에겐 미안하지만, 최근 대통령실 복도의 화제가 '살짝' 김건희 여사로 기울고 있습니다. 출근길 스탠딩 회견도 이제는 식상해졌는지, 부부 동반 등원을 바라는 얘기가 나올 정도입니다.

유력 언론들은 지난 27일 나온 여러 사진 중 윤 대통령과 김건희 여사가 사전투표장에 함께 가 찍은 사직을 '콕' 집어 보도합니다. 당시 김 여사가 입은 흰색 반소매 블라우스와 펜화 스타일의 그림이 인쇄된 가방 등은 네티즌들의 관심이 말 그대로 '폭발적'입니다.

"한국에서 처음으로 '셀럽 영부인'이 나왔다." 정치권은 예전에 보지 못한 모습에 적지 않게 놀라고 있습니다.

(…) 윤석열 정부가 출범한 후엔 김 여사에 대한 부정적인 보도는 자취를 '싹' 감췄습니다. 새 정부 출범 직후 허니문 기간이라는 영향도 있겠지만 '인간 김건희'에 대한 호감도가 가파르게 상승하는 것도 사실입니다. 왜 이런 현상이 생기고 있는 걸까요?

많은 사람들이 우선 주목하는 요인이 '외모'입니다. 눈이 크고 피부가 고운데다 170cm에 가까운 늘씬한 키가 사람들의 이목을 모이게 만듭니다. 외모가 뛰어난 연예인, 스포츠 스타와 다를 바 없다는 설명입니다.

(…) 미술 애호가들은 김건희 여사가 2015년 미국 추상표현주의 거장 마크 로스코 전을 기획한 코바나콘텐츠의 대표라는 사실을 알면 적지 않게 놀랍니다. 미국 워싱턴국립미술관이 소장한 로스코 작품을 약 3개월 동안 예술의전당에 들여

온 대형 전시회였습니다. 보험 평가액 2조 5,000억 원에 이르는 과감한 전시 규모뿐 아니라 '스티브 잡스가 사랑한 작가'라는 '잡스 마케팅'이 주효하면서, 당시 전시업계에선 "전례 없는 성공"이라는 평가를 받았습니다. 김 여사가 지난주 방한한 조 바이든 대통령에게 당시 로스코 전의 전시 도록(圖錄)을 선물하면서 이 전시회가 다시 화제가 되기도 했습니다.

국민과 대중을 대하는 자세가 남다르다는 평가도 나옵니다. 김건희 여사는 영부인이 된 이후에도 외부 노출을 자제하면서 선거 이전부터 보여온 '저자세'를 그대로 이어가고 있습니다.

영부인을 보좌하는 대통령실의 제2부속실도 선거 공약대로 없앴습니다. 본인을 향한 팬덤뿐 아니라 본인을 반대하는 진영까지 고려하는 겸손한 자세를 국민들이 높게 평가한다는 분석입니다.[39]

윤석열 대통령과 부인인 김건희 여사가 6일 제67회 현충일 추념식에 나란히 참석했다. 이날 비가 내린 가운데 추념식이 진행됐고, 김 여사는 윤 대통령이 우비를 입는 것을 돕고 수건으로 윤 대통령 정장에 묻은 빗물을 닦아내기도 했다.

윤 대통령과 김 여사는 이날 오전 동작구 국립서울현충원에서 거행된 현충일 추념식에 하얀색 우의를 입고 등장했다. 아침부터 장대비가 내린 가운데, 윤 대통령과 김 여사가 서로 우비 모자를 씌워주거나 빗물을 닦아주는 모습이 카메라에 포착됐다.[40]

이 정도면 언론이 대통령 홍보지라고 해도 무방하지 않을 것이다. 한편에서는 정부의 권한을 행사할 수 있는 요직을 오직 법 적용과 단죄(斷罪)만을 평생 업으로 삼아온 검찰 출신들이 장악한 채, 다른 한편에서는 이처럼 한가하고 평화로운 단상을 끊임없이 시민에게 전달하는 언론을 보유한 정권이 어떤 일을 행할 수 있을지 상상해보아야 한다.

결국 현재 국회를 장악하고 있는 진보 세력은 2024년 총선에서 대부분 살아남을 수 없을 것이다. 그들이 어떤 방식으로 언론에 유화책을 쓰고, 살아남기 위해 갖은 애를 써도 말이다. '생즉사 사즉생'이라는 말이 다시금 절절하게 와닿는 이유다.

그러니 진보 세력은 어설프게 살아남기 위해 지푸라기를 잡으려 안간힘을 쓰는 따위 헛수고를 해서는 안 된다. 그래봐야 살아남지도 못할뿐더러, 명분을 위해 목숨을 바칠 정치인이 아니라 자리를 지키고자 동료를 구명정에서 밀어낸 정상배에 불과하다는 증거를 남길 뿐이다.

그럴 바에야 노무현의 길을 가야 한다. 패할 것을 알면서도 역사가 요구하는 길이기에 가야 하는 정치인의 숙명을 떠올려야 한다. 자신의 정치, 진짜 진보 세력의 정치를 남은 기간 해야 한다.

그렇게 진보적인 체제를 불가역적으로 수립해야 한다.

그러면 결과는 둘 가운데 하나다.

시민이 버리거나, 시민이 선택하거나.

뻔히 보이는 실패의 길에서 우왕좌왕하면서 요행으로 살아남기를 바라느니, 정도(正道)를 걷다가 시민의 선택을 받아 50% 확률로 살아남을 길을 택하는 것이 훨씬 합리적이 아닐까? 게다가 후대 역사는 제21대 국회를 어떻게 기록하겠는가?

이 정도 역사 인식도 없다면 애당초 정치를 해서는 안 되었을 뿐 아니라 당신들을 지지해준 시민의 비극임을 명심해야 한다.

다음 대통령

프로젝트

지도자를 여론에
맡겨놓아서는
안 된다

요즘 정치는 연예인 인기투표 수준까지 떨어지고 있다. 비단 대한민국만의 문제가 아니다. 자본이 정치를 지배한 상황에서 형식적 민주주의를 시행하는 대다수 나라에서 일반적으로 벌어지고 있는 현상이다. 그리고 그 대표적인 나라가 미국이다.

사실 유럽과 미국은 우리에게 같은 '서양(西洋)'이라고 통칭되지만 전혀 다른 세계라고 해도 지나치지 않다. 물론 유럽에도 미국과 유사한 영국 같은 나라도 있지만, 대다수 유럽 국가들은 정치는 물론 경제·사회·문화에 이르기까지 모든 면에서 미국과 다른 모습을 보인다. 그 까닭이 역사적 차이 때문인지, 문화적 차이 때문인지, 정치 체제의 문제인지, 아니면 그곳에 터전을 잡고 살아온 사람들 탓인지를 따지는 것은 문화인류학자에게 맡기자. 우리는 그렇게 드러난 현상을 바탕으로 우리가 선택할 정치만을 논할 뿐이다.

도널드 트럼프라는 인물이 2016년 11월 미국의 제45대 대통령에 선출됨으로써 미국 정치가 어느 정도까지 전락(轉落)했는지를 전 세계가 확인했다. 유럽에서도 대표적인 차별적 현상인 이민자 정책을 놓고 극우파가 득세한 적은 있지만 정권을 획득한 예는 없었다.

트럼프의 당선에 비견되는 유럽 사례로 가장 유사한 인물로는 1994년부터 2011년까지 세 차례에 걸쳐(1994년, 2001~2006년, 2008~2011년) 이탈리아 총리를 지낸 실비오 베를루스코니를 들 수 있다. 그는 부동산 개발로 큰돈을 번 것, 방송에 큰 관심을 보여준 것, 여성 편력이 대단하다는 것, 극우적인 행동을 보였다는 점 등에서 트럼프와 흡사하다. 베를루스코니 집권 기간에 이탈리아가 정치뿐 아니라 경제적으로도 곤란을 겪은 것은 경제·사회적 안정, 국가의 역동성 등이 정치와 밀접한 연관이 있음을 보여주는 사례라고 하겠다.

미국 역시 이와 다르지 않으니, 오늘날 '투키디데스의 함정'이라는 표현이 공공연히 등장한다는 것은 이미 미국이 유일 강대국의 지위를 상실했음을 반증한다고 하겠다. '투키디데스의 함정'이란 고대 그리스 아테네의 장군이자 역사가인 투키디데스가 한 말에서 유래한 것으로, 그는 스파르타가 신흥 강국 아테네에 대해 가진 두려움이 펠로폰네소스 전쟁의 원인이었다고 지목했다. 즉 신흥 강국이 부상하면 기존의 강대국이 이를 견제하는 과정에서 전쟁이 발생한다는 뜻으로, 오늘날 미-중 갈등의 상황을 설명하는 데 쓰여 주목을 받았다.

여하튼 미국과 이탈리아에서 트럼프와 베를루스코니가 각기 집권하는 과정을 보면, 이른바 '황색 저널리즘'의 역할이 크게 작동했음을 알 수 있다. 이탈리아 황색 저널리즘은 베를루스코니가 장악하고 있었고, 트럼프 역시 그런 프로그램 진행자로 명성을 얻었으니 말이다.

대한민국 언론 역시 같은 길을 걷고 있다. 윤석열 당선자가 대통령에 취임하기 전부터 그런 징후가 포착되었고, 취임 이후에는 더더욱 그러하다는 사실을 여기서 부연할 필요는 없을 것이다. 그리고 그러한 움직임은 갈수록 더할 것이다.

더구나 이제 막 윤석열 정부가 출범했는데 이미 차기 지도자 선호도 조사에 나서는 조사기관이 있다는 사실을 어떻게 이해해야 할까? 윤석열 정부가 곧 붕괴할지 모르니 차기 지도자에 관심을 가지라는 말일까, 아니면 50% 가까운 시민들이 윤석열 정부에 등을 돌리고 있으니 그들의 흥미를 돋우기 위해 이런 조사 결과를 내놓는 것일까? 물론 늘 해오던 일상적인 조사일 것이다. 그러나 이런 조사는 윤석열 정부의 성공에도, 나라의 미래를 설계하는 데도 아무런 도움이 되지 못한다. 아무리 윤석열 정부에 반감을 가진 시민이라 해도 나라의 미래를 위해 지금은 힘을 합쳐야 할 때이기 때문이다. 그래서 오늘날 정치가 연예인 인기투표 수준으로 전락했다고 평가하는 것이다.

더 이상 그래서는 안 된다. 정치는 연예계가 아니다. 아무리 2022년 대선이 '황색' 수준으로 전락한 채 불가사의한 결과를 내놓았다고 해도, 아니 그렇기 때문에 더더욱 향후 대선은 그런 방식으로 이루어져서는 안 된다.

예측 가능하고, 나라를 이끌 만한 경륜을 쌓도록 준비할 기회를 가져야 하며, 그러한 능력을 가졌는지 여부를 모든 시민이 확인한 인물이 대통령에 올라야 한다. 앞서 살펴본 것처럼 의원내각제가 가장 좋은 정체(政體)라 하더라도 거기까지 가기 전에 과도기를 밟아야 하는 것이 현실이니, 우선은 '좋은 대통령'을 선출하는 데 온갖 노력을 기울여야 한다. 그래야만 나라와 시민 모두 긍정적 미래를 가질 수 있기 때문이다.

이제 더 이상 즉흥적이고 시류에 영합한 인물이 포퓰리즘에 기대어 대통령에 오르는 불가사의한 일이 용납되어서는 안 된다.

그러려면 어떻게 해야 할까?

무엇보다 지도자를 여론에 맡겨놓는 것은 위험하다.

한 백과사전은 '여론정치(輿論政治)' 항목에 이런 글을 포함해놓았다.

참다운 민주정치, 즉 여론정치가 이루어지기 위해서는 올바른 여론이 형성되어야 한다. 이를 위해서는, 첫째 신속하고 정확한 정보가 국민에게 널리 전달되어야 하며, 둘째 이러한 정보에 대한 정확한 해설과 자유롭고 책임 있는 비판이 이루어져야 하고, 셋째 모든 국민이 정확하게 정보를 파악할 수 있는 능력을 갖추어 사회 전체의 복리와 이익을 고려하여 판단하려는 자세를 가져야 한다.[41]

참다운 민주정치를 위해 필요한 전제조건 세 가지 가운데 오늘날 현실 속에서 실현되고 있는 것이 있는가? '신속하고 정확한 정보'라는 게 과연 있는가? 게다가 '정보에 대한 정확한 해설과 자유롭고 책임 있는 비판'이라니, 이처럼 대한민국(나아가 형식적 민주주의를 채택한 나라)에서 불가능한 일이 과연 있을까? 그리고 '모든 국민이 정확하게 정보를 파악할 수 있는 능력을 갖추어 사회 전체의 복리와 이익을 고려하여 판단하려는 자세'는 어쩌면 신화 속에서나 가능할 것이다.

너무 극단적인 주장이라고 반발하는 분도 있겠지만, 위의 기준에 따른다면 21세기에 참다운 민주정치는 불가능하다고 해도 지나친 말이 아닐 것이다.

그렇다고 이제 와서 맹자의 '왕도정치(王道政治)'를 행할 수도 없고, 플라톤이 설파한 '철인정치(哲人政治)'로 돌아갈 수도 없다. 물론 최근에도 형식적 민주주의가 안고 있는 문제를 해결하기 위해 다양한 의견을 내놓는 학자들이 없는 것은 아니다. 그 대표적인 인물이 캐나다 출신 정치철학자 대니얼 벨인데, 그는 품성[賢]과 능력[能]이 뛰어난 지도자에 의한 통치 즉 '현능주의(賢能主義)'를, 중국처럼 선거가 아니라 집단 선발을 통해 실천하자고 주장해 서방 학계에 큰 충격을 주기도 했다.[42]

그러나 이 모든 것은 현실적으로 추진하기 어렵다. 따라서 우리가 할 수 있는 최선은 '다수결 원칙' 위에서도 어떻게 하면 더 나은 지도자를 선출할 것인가를 논의하는 것이다. 다수결 원칙이란 결국 선거를 통해 선출하는 것이다. 상대방보다 한 표라도 더 얻는 자가 모든 것을 독점하는 이 비합리적이고 비민주적인 제도가 민주주의라고 외치는 한, 그걸 수용하는 것 외에 방도가 없다.

'정확하게 정보를 파악할 수 있는 능력을 갖추어 사회 전체의 복리와 이익을 고려하여 판단하려는 자세'를 갖추고자 하는 시민이라면 그가 보수 세력을 지지하건 진보 세력을 지지하건, 시류에 영합하는 지도자가 아니라 제대로 된 지도자를 선발하려는 노력을 게을리해서는 안 된다.

따라서 우리 글쓴이들은 마지막으로, 향후 제21대 대통령선거에서 시민의 선택을 받을 만한 인물들을 소개하고자 한다.

제21대 대통령선거는 '아무리 많이 남아도'[43] 5년밖에 안 남아 있다. 그런데 그 누구도 예측하지 않았던 어떤 인물이 혜성처럼 등장해서 다시 대통령에 당선된다면, 그가 이끄는 차기 정부 역시 그 누구도 예상하기 힘든 불확실성을 동반할 것이다. 아무리 민주주의 국가라 해도 대통령을 비롯해 선출된 자들은 자신에게 부여된 권력보다 더 큰 것을 가지고 있다고 믿는 경향이 있기에, 대통령이 시민의 의견에 귀를 기울이기보다는 자신의 뜻대로 이끌어갈 가능성이 훨씬 크기 때문이다.

한 나라를 이끌어갈 지도자의 행보를 누구도 예상하지 못한다면 그야말로 위기가 아닐 수 없다. 이 책의 서두에서 언급한 것처럼 윤석열 정부가 선택된 불가사의 가운데 하나 역시 이러한 불확실성 아니었던가. 단 한 번도 행정적·정치적 경험을 해본 적 없고 확인된 바 없는 인물에게 나라를 맡긴 사태 말이다. 우리가 차기 정부를 이끌어가기에 적당한 인물들을 평가 가능한 범위 내에서 시민들에게 소개하는 까닭은, 이러한 사태를 미연에 방지하기 위함이다.

우리는 이상주의자들이 아니다. 우리 역시 2022년 대한민국 현실에 뿌리내린 채 살아가는 시민일 뿐이다. 그러하기에 시민들의 예상을 완전히 벗어난 놀라운 인물을 소개할 수는 없다. 현실적으로 가능하고 시민들 스스로 평가할 수 있는 인물군 내에서 발굴할 수밖에 없다. 그리고 그것이 어쩌면 가장 합리적인 선택이 될 것이다. 누구도 모르는 새로운 인물을 다시 경험하고 판단하고 선택하기에는 5년이라는 기간은 너무 짧을 테니까.

한 가지 더 밝혀야 할 점은 대한민국의 미래는 보수 세력 또는 진보 세력, 그 누구의 전유물도 되어서는 안 된다는 것이다. 그래서 우리가 소개하는 인물들은 보수와 진보를 넘나든다. 반면에 수구와 급진 세력은 배제했다. 이들은 특정 계층의 의견을 대변하기 위해 시민의 대표(국회의원)로 선출될 수는 있어도, 모든 시민을 위해 일해야 하는 대통령 자리에는 적정하지도 않을뿐더러 시민들 역시 선택하지 않을 거라고 여기기 때문이다.

마지막으로 또 하나 밝혀야 할 점이 있다.

대한민국에서 지식인들에게 정치는 영광이요 희생이라기보다는 질곡의 구렁텅이로 들어가는 문이라는 인식이 강하다. 그래서 특정 분야에서 일정한 성과를 거둔 이들에게 정계 진출을 권하는 것을 모욕적으로 받아들이는 경우가 드물지 않다. 실제로 그렇기도 하다. 평판이 나쁘지 않던 인물들이 정계에 진출하면서 평가가 급격히 추락하는 경우가 많았다.

그 대표적인 인물로 안철수를 들 수 있다. 2022년 보궐선거에서 국회의원으로 당선되었지만 그를 성공한 정치인으로 여기는 시민이 과연 얼마나 될지 의문이다. 그뿐이 아니다. 수많은 인재들이 정계에 진출하면서 자신이 세운 성과를 다 상쇄시키고 오히려 부정적 인식만 남긴 채 퇴장했다.

그러나 그런 인물들의 행적을 유심히 살펴보면, 정계 진출 이전에 쌓았던 명성이 오히려 신기루였다는 사실을 깨닫게 된다. 정계에서 그들이 실패했기 때문에 부정적 결과를 남기고 퇴장한 것이 아니다. 시민들은 단지 실패했다고 해서 부정적으로 평가하지 않는다. 어떻게 실패했느냐, 실패했을 때 어떻게 대처했는가를 보고 평가하는 것이다.

그러므로 그 누구도 정치를 회피할 필요가 없다. 오히려 지식인일수록 정치에 참여하는 것을 두려워해서는 안 된다. 세계 역사를 보더라도 많은 지식인들이 정치에 투신해서 큰 성과를 거두기도 하고, 자신의 뜻을 널리 전하기도 했다. 이를테면 프랑스 문화부장관을 지냈고 드골 대통령을 지지하는 정치 활동을 한 것으로 유명한 작가 앙드레 말로, 중국의 저명한 작가 중 하나인 루쉰이 그 대표적인 인물인데, 그 외에도 무수히 많은 지식인들이 정치에 참여, 사회를 위해 자신의 역할을 다했다.

　물론 대한민국을 비롯해 정치가 희화화된 나라[44]에서 단순히 대중적 인기만을 등에 업고 정치에 입문하거나 정치권에서 영입한 경우가 적지 않은 것 또한 현실이다. 그러나 21세기에 들어서는 적어도 대한민국에서 그런 사례는 급속히 줄어들고 있다. 따라서 지금 이 시대는 참된 지식인들이 정치에 나설 때라고 할 수 있다. 이제 '그대'들이 시민 앞에 무릎을 꿇어야 할 때인 셈이다.

시민이 꼽는
'좋은 대통령 후보'의
기준

그렇다면 우리는 어떤 기준으로 다음 대통령 후보를 선정했을까?

첫째도, 둘째도, 셋째도 능력이다.

이때 능력은 특정 분야의 능력을 가리키지 않는다. 대한민국에서 대통령은 앞서 여러 번 살펴본 것처럼 제왕(帝王)과 마찬가지다. 나라의 모든 분야에 능통해야 한다는 것이다.

과거에 한 대통령이 명언을 남긴 바 있다.

"머리는 빌릴 수 있어도 건강은 빌릴 수 없다."[45]

그의 말에 따르면 대한민국 대통령으로 가장 적합한 인물은 전두환일 것이다. 쿠데타로 45세에 집권한 박정희를 제외하면, 전두환이 50세로 가장 젊은 나이에 집권했다. 게다가 그는 육군사관학교에서 축구선수로 활동할 만큼 몸이 튼튼했고, 집권한 후에도 국정은 담당자에게 맡기고 자신은 자신의 관심사(비자금 조성?)에만 몰두한 듯 보이기 때문이다.

그러나 그의 말은 틀렸다. 대한민국 대통령은 건강보다 머리를 갖추어야 한다. 건강이 안 좋아 임기를 다 채우지 못한다 하더라도 그동안만큼은 세계에서 가장 위험한 지정학적 요소를 갖춘 한반도 지역의 평화를 확보하고, 강대국의 틈바구니에서 균형 잡힌 외교를 통해 나라와 시민의 정치·경제적 안녕을 보장해야 하기 때문이다. 그뿐인가? 빈부격차·성별·지역·세대로 나뉘어 다투는 사회 분열을 통합할 수 있는 묘수도 발휘해야 한다. 어느 한 집단도 자신들의 기득권을 포기하지 않고 있는 이 완고한 사회적 분위기 속에서 '공적 이익'을 거두는 데 최선을 다해야 한다.

반면 우리가 고려하지 않은 것은 후보의 정치적 성향이다.

대한민국은 영원히 보수 세력이 지배할 수도, 해서도 안 되는 나라다. 당연히 진보 세력이 영원히 지배할 수도, 지배해서도 안 된다. 따라서 인물의 정치적 위상이 어디에 있는지는 검토하지 않았다. 다만 합리적인 판단 능력과 이를 바탕으로 한 일관된 정치적 행동만은 중요하게 고려했다. 행동이 일관되지 않은 인물은 그 누구보다 불확실성이 크기 때문이다. 극단적으로는, 민주주의자라고 여겨 선출했는데 알고 보니 독재자일 수도 있다. 따라서 일관성이라는 것은 매우 중요하다.

그리고 가능한 한 젊은 인재를 선보이고자 노력했다.

지금 대한민국 정계를 쥐락펴락하는 인물들은 나이가 많다. 물론 나이가 많은 것이 단점이 될 수는 없다. 그러나 오늘날 시대는 하루가 다르게 새로운 물결의 세례를 받고 있다. 눈에 보이는 하드웨어는 말할 것도 없고, 눈에 보이지 않는 패러다임 역시 10년이면 말 그대로 강산이 변할 정도다. 그런데 언제까지 70대 어른의 지혜에 매달려야 하는가.

물론 미국의 전현직 대통령인 조 바이든(1942년생)이나 도널드 트럼프(1946년생)에 비하면 대한민국 정치인들이 상대적으로 젊어 보이지만, 영국이나 프랑스 등 유럽의 여러 정상들에 견주어보아도 대한민국 정치인들의 연령이 높은 것은 사실이다. 이는 정계에 새로운 인물 유입이 안 되고 있기 때문이다.

현재 대한민국 정계의 주축인 50대 후반, 60대 초중반 인물들 대다수가 김대중·김영삼 등 카리스마 넘치는 정치인들이 영입한 인물임을 고려한다면, 대한민국 정치 체제에서 평범한 방식으로 젊은 인재가 정계에 진입하는 것이 얼마나 어려운지를 단적으로 보여준다고 하겠다. 당연히 이는 기존 정치인에게 절대적으로 유리한 소선거구제, 소왕(小王)적 지역구제 탓임은 앞서 살펴본 바 있다.

그런 까닭에 이 책에서는 가능한 한 젊은 인재를 소개하려고 노력했다는 점을 밝혀둔다.

다음 대통령 프로젝트:
이제 '그대'들이
무릎을 꿇어야 할 때

이제 다음 대통령선거에 적임자라고 여길 만한 인물, 그리하여 스스로 나서지 않는다면 양식 있는 시민들이 나서서 무릎을 꿇려서라도 나라의 미래를 위해 끌어내야 할 인재를 소개한다(순서는 가나다 순).

김세연

출생연도	1972년
출신지	부산
이념	중도보수
연고 정당	국민의힘
주요 경력	국회의원(3선)
	자유한국당 여의도연구원장

(2019년 11월 17일 기자회견문)

저는 오늘 제21대 총선 불출마를 선언합니다. 먼저, 지난

12년 동안 성원해주신 우리 금정구에 계시는 저의 동지 여러분, 모든 당원과 주민 여러분, 그리고 국민 여러분께 깊은 감사의 말씀을 드립니다. 저는 '정치인'이 되고자 정치에 들어온 것이 아니었습니다. 저는 '정치권에 파견 나와 있는 건전한 시민'을 저의 정체성으로 인식하고 의정활동에 나름 최선을 다해왔습니다. 기득권에 취해 현실에 안주하는 것은 늘 경계하려 했고, 끊임없이 새롭고 의미있는 도전을 해야 한다고 믿으며, 그런 실천을 하려고 노력해왔습니다.

제가 '멸사봉공(滅私奉公)'할 수 있는 위인은 되지 못한다는 점은 잘 압니다만, 적어도 공직에 있는 동안 사사로운 일을 공적인 일에 앞세우지 않는 '선공후사(先公後私)'의 자세는 한순간도 흐트리지 않았다고 감히 자부합니다. 저는 정치권에서 '만성화'를 넘어 이미 '화석화'되어버린 정파 간의 극단적인 대립 구조 속에 있으면서 '실망-좌절-혐오-경멸'로 이어지는 정치 혐오증에 끊임없이 시달려왔음을 고백합니다. 인간 사회 어느 곳에나 있기 마련이지만, 권력에 집착하는 인간의 본능과 그 탐욕의 민낯이 보기 싫어 눈을 돌리려 해도, 주인공과 주변 인물만 바뀐 채 똑같은 구조의 단막극들이 무한 반복되고 있었습니다. 권력을 가졌을 때와 놓쳤을 때 눈빛과 어투와 자세가 180도 달라지는 인간 군상의 모습에서 결국 이제는 측은한 마음만 남게 되었습니다. 그런 점에서 작가

J. R. R. 톨킨이 《반지의 제왕》에서 그려낸 '절대반지의 비유' 는 너무나 통렬합니다. 절대반지는 온 세상을 정복할 수 있는 강력한 힘을 가진 존재이지만, 자격을 갖추지 못한 사람은 이 반지를 끼는 순간 이성을 잃게 됩니다. 공적 책무감으로 철저히 정신 무장을 해야 그것을 담당할 자격이 주어짐에도, 아무리 크든 아무리 작든 현실 정치 권력을 맡은 사람이 그 권력을 사유물로 인식하는 순간 공동체의 불행이 시작됩니다. 이미 우리는 다 함께 그런 불행한 경험을 거쳤습니다.

나이 50을 지천명(知天命)이라고 했습니다. 지명(知命)은 삼지(三知), 즉 지분(知分), 지족(知足), 지지(知止)로 풀이됩니다. 즉 분수를 알고, 만족할 줄 알며, 그칠 때를 알라는 것입니다. 과유불급(過猶不及)입니다. 내일모레 50세가 되는 시점에서 스스로 돌아보니, 이제는 정치에서는 그칠 때가 되었습니다. 권력의지 없이 봉사정신만으로 이곳에서 버티는 것이 참으로 어렵게 된 사정입니다.

18대 총선에서 한나라당 공천 탈락 후 무소속으로 출마했을 때 지역구민 중 저의 이름을 아는 분은 거의 없었습니다. 저의 선친의 성함을 대며 그 아들이라 하면 예외 없이 반색을 하며 반겨주셨습니다. 그렇게 들어온 18대 국회에서 얼마 지나지 않아 복당을 하였고, 뒤늦게 '한나라당 소속 개혁 성향 초선의원 모임'이라는 고정된 수식어로 불렸던 '민본21'

에서 활동했습니다. 이명박 정부 초기 국민 지지를 등에 업고 대통령의 힘이 절정에 달했을 때에도, 용기 있는 선배님들과 함께 대통령 인사권에 정면으로 반기를 들며 연판장을 돌릴 때, 비록 두려움에 뒷목은 서늘했지만, 제가 몸담은 당에 늘 왠지 모를 자부심이 있었습니다.

2011년 말, 한나라당이 급속도로 어려워지면서 비대위가 출범했고, '경제민주화'와 '복지'를 전면에 걸고 새누리당으로 거듭났습니다. 골육상쟁이 다시 한 번 펼쳐졌지만, 그때까지만 해도 새누리당은 나름 괜찮은 중도보수 정당이라 자신할 수 있었습니다.

재선이 되고는 '경제민주화실천모임'의 간사를 맡았고, 이후에 대표까지 맡게 되었습니다. 2012년 18대 대선 새누리당 공약의 핵심은 경제민주화였고, 그것의 뼈대를 만들고 살을 붙이는 과정에 핵심적으로 참여했습니다. 저는 기업인 출신이지만 재벌들에 의해 일그러진 대한민국 경제 생태계를 정상화시키는 일에 앞장섰다는 사실에 역시 자부심이 있었습니다.

그런데 집권 후 그 약속들은 하나둘씩 지워졌고, 급기야 바른말 하는 당내 동지들에 대한 숙청이 시작되었습니다. 당시 유승민 원내대표는 의총장에서 동료들에 의하여 난도질을 당하고 물리고 뜯겼습니다. 그런데 저는 회의 막바지에 소극적인 반론을 펴는 데 그쳤습니다. 후회합니다. 비겁했습니다. 그때 과감하게 맞서지 못했습니다.

18대 국회 한나라당 의총에서, 19대 국회 새누리당 의총에서, 청와대 지시 받고 떼지어 발언대로 몰려나오는 그 행렬을 용기 있게 막아서지 못했습니다. 그 후 이런 일들을 겪고도 또다시 후회할 일을 해서는 안 되겠다고 다짐했습니다. 그래서 앞으로 후회하지 않기 위해 지금 이 순간 이 말씀을 남깁니다.

새누리당 말기, 어떤 상식으로도 이해할 수 없는 비이성적인 상황들을 겪고 나서, 어떠한 변화도 불가능하다는 것이 확인된 이후, 바른정당 창당에 나서서 제대로 된 보수 정당을 건설하기 위하여 그야말로 전심전력, 총력을 다해 일했습니다. 하지만 바른정당은 실패했고, 지금은 통합된 바른미래당에서 그 흔적조차 거의 다 지워지고 있습니다.

지방선거를 앞두고는 오로지 지역의 동지들을 살려보고자 눈물을 머금고 복당을 했습니다. 하지만 결과는 바뀌지 않았습니다. 살리고자 했던 동지들을 살리지도 못했습니다.

자유한국당은 이제 수명을 다했습니다. 이 당으로는 대선 승리는커녕 총선 승리도 이뤄낼 수 없습니다. 무너지는 나라를 지켜낼 수 없습니다. 존재 자체가 역사의 민폐입니다. 생명력을 잃은 좀비 같은 존재라고 손가락질받습니다.

그렇습니다. 창조를 위해서는 먼저 파괴가 필요합니다. 깨끗하게 해체해야 합니다. 완전한 백지 상태에서 새로 시작해야 합니다. 지금 계시는 분들 중에 인품에서나 실력에서나 존경스러운 분들이 많이 계십니다. 나라를 위해서 공직에서 더 봉사하셔야 할 분들이 분명히 계십니다. 하지만 대의를 위해서 우리 모두 물러나야 할 때입니다. 우리가 버티고 있을수록 이 나라는 더욱 위태롭게 됩니다.

이런 말씀을 드려서 참으로 죄송합니다. 하지만 나라를 사랑하고, 나라를 살리는 마음으로 우리 다 함께 물러납시다. 황교안 당대표님, 나경원 원내대표님, 열악한 상황에서 악전고투하시면서 당을 이끌고 계신 점, 정말 경의를 표합니다. 그리고 우리 당의 훌륭하신 선배, 동료 의원님들, 감사하고 존경합니다. 그러나 정말 죄송하게도 두 분이 앞장서시고 우리도 다 같이 물러나야만 합니다. 미련 두지 맙시다. 모두 깨끗하게 물러납시다. 광화문 광장에서 자유한국당이 주최하는 집회는 조직 총동원령을 내려도 5만 명 남짓 참석하지만, 자유한국당이 아닌 시민단체에서 주최하는 집회에는 그 10배, 20배의 시민이 참여합니다. 민주당 정권이 아무리 폭주를 거듭해도 자유한국당은 정당 지지율에서 단 한 번도 민주당을 넘어서 본 적이 없습니다. '조국 사태'가 마무리된 이후에는 오히려 그 격차가 빠르게 더 벌어졌습니다. 엊그제는 정당 지지율 격차가 다시 두 배로 벌어졌습니다. 이것이 현실입니다. 한마디로 버림받은 겁니다. 비호감 정도가 변함없이 역대급 1위입니다. 감수성이 없습니다. 공감 능력이 없습니다. 그러니 소통 능력도 없습니다. 사람들이 우리를 조롱하는 걸 모르거나 의아하게 생각합니다. 세상 바뀐 걸 모르고, 바뀐 환경에 적응하지 못하면, 도태될 수밖에 없습니다. 그것이 섭리입니다.

섭리를 거스르며 이대로 계속 버티면 종국에는 역사의 죄인이 될 것입니다. '물러나라, 물러나라' 서로 손가락질은 하는데 막상 그 손가락이 자기를 향하지는 않습니다. 발언하는 거의 모든 사람이 자기는 예외이고 남보고만 용퇴하라, 험지에 나가라고 합니다. 국민들은 지금 우리가 어떻게 하는지 두 눈 부릅뜨고 지켜보고 계십니다.

모두 내 탓입니다. 책임에서 자유로운 사람은 아무도 없습니다. 모두가 함께 책임져야 합니다. 함께 물러나고, 당은 공식적으로 완전하게 해체합시다. 완전히 새로운 기반에서, 새로운 기풍으로, 새로운 정신으로, 새로운 열정으로, 새로운 사람들로 다시 시작해야 합니다. 경험 있는 사람이 반드시 있어야 한다거나 새로운 사람은 경험이 모자라서 안 된다고 반론을 펴고 싶을 수도 있습니다. 그러나 지금은 경험이 약이 아니라 독이 될 수 있는 시대입니다. 오만과 간섭은 금물입니다.

이뿐만이 아닙니다. 이전에 당에 몸담고 주요 역할을 한 그 어떤 사람도 앞으로 대한민국을 제대로 지키고 세워나갈 새로운 정당의 운영에 관여해서는 안 됩니다. 뜻밖의 진공 상태를 본인의 탐욕으로 채우려는 자들의 자리는 없습니다. 만약 그렇게 하려는 사람이 있다면 누구든 반드시 응징해야 합니다. 남은 6개월여의 임기 동안 국회 보건복지위원장으로서, 여의도연구원장으로서, 금정구 출신 국회의원으로서 더욱 열심히 의정활동에 임하겠습니다. 또한 20대 국회에서 심혈을 기울여온 의원 연구단체 'Agenda 2050'의 활동을 잘 마무리하는 데에도 최선을 다하겠습니다. 그러고는 원래 제가 있어야 할 곳으로 돌아갑니다.

비록 공적인 분야에 있지 않더라도 시민의 한 사람으로서의 공적 책무감을 간직하면서 더 나은 공동체를 만들어나가는데 미력이지만 늘 함께 노력하겠습니다. 제가 이곳에 있는 동안 저의 언행으로 인하여 상처받으신 분들이 계시면, 그분들께는 이 기회를 빌려 진심으로 사과드리고자 합니다.

그동안 성원해주신 모든 분들께 일일이 따로 양해를 구하고 인사드리지 못한 점 정말 죄송합니다. 너그러운 이해 부탁드리겠습니다.

마지막으로, 저의 진정한 동지 여러분, 감사합니다. 사랑합니다.

2019년 11월 17일(일)

부산 금정구 출신 자유한국당 소속 국회의원 김세연

이 기자회견문은 김세연이 2020년 4월의 제21대 국회의원 선거에 불출마를 선언하면서 발표한 것이다. 이 기자회견을 끝으로 김세연이라는 이름은 오늘날까지 약 3년여 동안 거론되지 않고 있다. 그러나 우리는 그를 제21대 대통령 후보로 언급한다.

지금은 기억하는 시민도 많지 않은 일개 정치인, 그것도 윤석열 당선 이후 스포트라이트가 꺼진 이의 기자회견문 전문을 싣는 것은 그 글이 진심을 담고 있기 때문이다. 진심을 담고 있을 뿐 아니라 정치인으로서 그의 모든 것을 보여준다. 그 모든 것에는 당연히 장점뿐 아니라 단점도 포함된다.

그는 자유한국당의 후신인 국민의힘이 다시 정권을 잡을 거라는 사실을 파악하지 못했다. 그러니 누군가 그의 반대편에 선 이들은 그의 판단력이 떨어진다고 비난할 수도 있다.

그러나 진실은 김세연 편이다. 그의 말대로 국민의힘이 국민의 선택을 받은 것이 아니다. 민주당이 국민의 선택을 받지 못했고, 국민의 선택을 받을 수 없는 지리멸렬한 정치집단 국민의힘이 집권한 것은 나라 전체로 보면 비극이다. 그런 면에서 그는 정도(正道)를 가는 정치인이다.

위의 글 전문을 싣는 데는 또 다른 까닭이 있다. 대한민국 정치판에 관해 떠도는 말 가운데 하나가 "카메라 앞에서는 죽기 살기로 싸우지만 뒤돌아서면 모두 한통속이다"라는 것이다. 물론 정치의 핵심은 싸움이 아니라 타협과 협상이기 때문에 이 말이 부정적인 의미만 갖는 것은 아니다. 그러나 우리 정치에서 이 말은 부정적으로 쓰일 뿐이다. 카메라 앞에서는 선명한 여당·야당 정치인인 척하지만 돌아서면 서로가 서로를 챙겨주는, 같은 정상배일 뿐이라는 의미로 말이다.

그런데 위 글을 보라. 그런 수준으로 평가할 만한 글이 아니다. 이 글은 김세연이라는 정치인이 말 그대로 좌고우면(左顧右眄)하지 않고 자신이 하고 싶은 말을 다 했다는 느낌을 준다.

좌고우면하지 않고 자신의 신념을 말이나 글로 표현하는 일은 쉽지 않다. 게다가 다른 사람에 대한 비판이 담겨 있는 경우에는 더더욱 그렇다. 왜냐하면 공격을 받은 측 역시 당연히 반격을 가해오기 때문이다. 그것도 훨씬 더 확대된 방식으로. 그래서 약점을 가진 이들은 이렇게 솔직한 담화를 발표하지 못한다. 그런 면에서 김세연의 이 글은 대한민국 정치사에서는 보기 드문 것이라고 할 수 있다.

또한 글 속에는 단순히 김세연이 몸담고 있는 정당을 넘어 대한민국 정치판에 대한 통렬한 비판이 담겨 있다. "권력을 가졌을 때와 놓쳤을 때 눈빛과 어투와 자세가 180도 달라지는 인간 군상의 모습"이라는 표현은 진정으로 우리나라 정치판을 어지럽히고 있는 모든 정상배를 향해 던지는 날카로운 비수다. 대한민국 시민이 정치인들에게 가장 절망하는 면 또한 이러한 면 아니었던가. 권력을 손에 쥐기 전에 보였던 한없는 비굴이 당선증을 받아드는 즉시 무한한 오만으로 변하는 모습 말이다. 그 역시 그러한 모습에 진절머리가 났음을 이 글을 통해 확인할 수 있다. 그리고 이 글은 결코 상투적인 표현이 아니다. 인간의 태도에 온몸과 정신으로 절망한 이만이 표현할 수 있는 진실이 담겨 있기 때문이다.

앞서 언급한 바 있듯이 정상배는 집권·당선을 승리로 여기지만, 정치인은 자신의 신념이 구현될 때 승리라고 여긴다. 이런 점에서 김세연은 대한민국 보수의 희망이요 미래이며, 나아가 대한민국 정치의 미래이기도 하다. 이런 인물이 보수 세력의 중심이 되는 나라는 미래가 있다.

그는 대한민국 보수 세력으로서는 드물게 편향된 친미가 아니며, 편향된 재벌 편도 아니다. 그는 유라시아 중심의 북방 정책과 재벌 개혁에도 관심을 기울이는데, 그의 가문이 대대로 탄탄한 중견기업 소유주임을 고려하면 의외라고 할 수 있다. 그러나 이야말로 그가 정치를 자신의 사욕을 위해 사용하지 않는 대표적인 예라고 할 수 있다.

대한민국 시민이라면 이념을 떠나 김세연을 다시 정치의 장으로 불러내야 한다. 그리고 그를 통해 보수의 가치를 구현해야 한다. 김세연은 수구가 판치는 대한민국 우파 권역에서 보기 드문 합리적 보수이기 때문이다. 보수가 합리적일 때 진보도 합리적이 될 수 있다. 보수가 실력을 갖추고 있을 때 진보 역시 싸움꾼이나 선동가가 아니라 실력파가 힘을 얻을 수 있다.

그런 면에서 김세연은 더 이상 뒤로 물러서 있으면 안 되는 정치인이다.

유승민

출생연도	1958년
출신지	대구
이념	중도보수
연고 정당	국민의힘
주요 경력	국회의원(4선)
	새누리당 원내대표
	바른미래당 공동대표
	제19대 대통령선거 출마

유승민 역시 김세연과 마찬가지로 보수 세력 출신 정치인인 부친의 뒤를 이어 정계에 투신한 이른바 2세 정치인이다. 정

치인의 권력이 센 나라일수록 세습정치 비율이 높은 것은 자명한 이치다. 정치인이 된다는 것이 시민을 위한 봉사에 머문다면 부모의 뒤를 이어 자식, 손자까지 정치에 투신하는 것이 쉽지 않을 테니 말이다.

세계적으로 정치의 세습 비율이 높은 대표적인 나라가 미국과 일본이다. 조지 부시 일가는 대통령을 두 번에 걸쳐 지냈다. 케네디 일가 역시 진보정치의 역사를 써내려가다가 존 F. 케네디와 로버트 케네디, 두 형제가 모두 암살당한 것은 유명하다. 일본은 특히 세습정치가 일반화된 나라다. 우리나라와는 악연을 맺고 있는, 최근 암살당한 아베 전 총리 역시 거물 정치인 가문 출신이다.

유승민의 부친인 유수호는 전두환 쿠데타 세력이 만든 민주정의당과 민주자유당 출신 국회의원을 지냈지만 단순하게 평가하기 어려운 인물이다. 판사로 재직 중에는 박정희 정권에 저항하기도 했고, 정치인으로서는 민주자유당을 벗어나 야당 생활을 하기도 했다. 그렇다고 강직한 정치적 신념을 가졌다고 보기도 힘들다. 그러나 이 모든 것은 유승민이 아니라 그의 부친이 한 행동이니 너무 큰 의미를 부여할 필요는 없을 것이다.

유승민을 대한민국 보수 세력의 주요 인물로 평가하는 것은 그가 가진 분명한 보수적 신념 때문이다. 물론 유승민 역시 비합리적인 수구적 주장을 하기도 한다. 그러나 그러한 단편적인 주장은 대한민국 보수 세력의 대표로 활동하는 대다수 정치인의 숙명이기도 하다. 앞서 살펴본 것처럼 대한민국 보수 정당 내에는 파시스트부터 중도 인사에 이르는 다양한 세력이 자리하고 있기 때문에, 이른바 선거라는 절차를 거칠 때는 이러한 세력을 흡수하기 위해 어쩔 수 없는 행동을 할 필요도 있는 것이다. 따라서 한 보수 정치인의 진정한 모습을 평가하기 위해서는 한두 번의 발언이 아니라 그가 걸어온 길을 살펴볼 필요가 있다.

유승민은 일관되게 "증세 없는 복지는 없다"라고 주장한다. 맞다. 복지 선진국들은 예외 없이 높은 세금을 부과한다. 종이에 마구 돈을 찍어내지 않는 한 누군가에게 돈을 지급하기 위해서는 다른 누군가가 돈을 내야 하기 때문이다. 그럼에도 많은 정치인이 복지를 약속하면서 증세는 주장하지 않는다. 복지는 표가 되지만, 증세는 표를 갉아먹기 때문이다. 그런 상황에서 유승민은 정직하게 말한다.

또한 그는 보수 세력 내에서 보기 드문 정책 전문가이기도 하다. 그런데도 정작 선거 때만 되면 그와 같은 합리적인 보수주의자의 인기는 오르지 않는다. 온건과 합리보다는 선동과 극단이 사람들에게 훨씬 잘 먹히기 때문이다. 그렇기에 유승민 같은 인물에 대해 시민들이 나서서 꾸준히 그의 능력과 실체를 알리는 역할을 해야 한다. 정치 집단에게 그를 선택하라고 요구해서는 안 된다. 정치 집단은, 특히 수구 세력은 그와 같은 합리주의자에게 눈길조차 주지 않는다.

그가 꿈꾸는 정치가 어떤 것인지, 그가 2015년 4월 8일 국회에서 행한 교섭단체 대표 연설 내용을 살펴보자. 그가 새누리당 대표를 맡고 있을 때의 일이다. 전문을 보고 싶지만 너무 길어 줄였다는 점을 밝힌다.

존경하는 국민 여러분!

보수 정당인 새누리당은 오랜 세월 산업화와 경제성장을 견인해왔습니다. 민주주의와 시장경제 체제의 유지와 발전에도 역할을 해왔다고 자부합니다. 남북분단과 군사 대치 상황에서 국가안보를 지켜왔습니다.

이제 새누리당은 보수의 새로운 지평을 열고자 합니다.

심각한 양극화 때문에 대한민국이라는 공동체는 갈수록 내부로부터의 붕괴 위험이 커지고 있습니다. 공동체를 지키는 것은 건전한 보수당의 책무입니다. 외부의 위협으로부터 국가안보를 지키는 것이 보수의 책무이듯이, 내부의 붕괴 위험으로부터 공동체를 지키는 것도 보수의 책무입니다.

새누리당은 고통받는 국민의 편에 서겠습니다. 가진 자, 기득권 세력, 재벌·대기업의 편이 아니라, 고통받는 서민 중산층의 편에 서겠습니다. 빈곤층, 실업자, 비정규직, 초단시간 근로자, 신용불량자, 영세자영업자와 소상공인, 장애인, 무의탁 노인, 결식아동, 소년소녀 가장, 다문화가정, 북한이탈주민… 이런 어려운 분들에게 노선과 정책의 새로운 지향을 두고, 그분들의 통증을 같이 느끼고, 그분들의 행복을 위해 당이 존재하겠습니다.

10년 전 노무현 대통령은 대한민국 대통령으로서 처음으로 양극화를 말했습니다.

양극화 해소를 시대의 과제로 제시했던 그분의 통찰을 저는 높이 평가합니다. 이제 양극화 해소라는 시대적 과제를 해결함에 있어서는 여와 야가 따로 있을 수 없다고 생각합니다. 새누리당은 성장과 복지가 함께 가는, 나누면서 커가는 따뜻한 공동체를 만들어가는 정당이 되겠습니다.

어제의 새누리당이 경제성장과 자유시장경제에 치우친 정당이었다면, 오늘의 이 변화를 통하여 내일의 새누리당은 성장과 복지의 균형 발전을 추구하는 정당이 되겠습니다. 자유시장경제와 한국 자본주의의 결함을 고쳐 한국 경제 체제의 역사적 진화를 위해 노력하는 정당이 되겠습니다.

그러나 국가안보만큼은 정통보수의 길을 확실하게 가겠습니다.

새누리당의 새로운 변화를 추구하면서, 저는 새정치민주연합과 정의당의 최근 변화를 관심 있게 지켜보고 있습니다.

최근 새정치민주연합은 '경제정당, 안보정당'을 말하고 있습니다. 정의당은 '미래산업정책'을 말하고 있습니다. 급식, 보육은 물론 심지어 의료, 교육, 주택까지 보편적 무상복지를 고집하던 야당이 드디어 성장의 가치, 안보의 가치를 말하기 시작한 것입니다. 놀라운 변화입니다.

환영합니다.

저는 진보 정당의 이러한 변화가 단순히 총선과 대선의 득표용 전략이라고 평가절하하고 싶지는 않습니다. 그 변화 속에 국가의 미래를 위한 고민과 진정성이 담겨 있으리라고 기대해봅니다.

여와 야, 보수와 진보의 새로운 변화를 보면서 저는 '진영의 창조적 파괴'라는 꿈을 가집니다.

진영을 벗어나 우리 정치도 공감과 공존의 영역을 넓히자는 꿈을 현실로 만들고 싶습니다.

그동안 우리 정치는 여야 진영 간, 보수 진보 진영 간의 대립과 반목으로 국민의 신뢰를 얻지 못했습니다.

진영은 그 본질이 독재와 똑같습니다.

진영의 울타리를 쳐놓고 그 내부 구성원들에게 사상과 표현의 자유를 허락하지 않습니다. 사람마다 생각의 차이가 있는 것은 지극히 상식적이고 정상적인데, 어느 당, 어느 진영의 소속이라는 이유만으로 개인의 소신은 집단의 논리에 파묻히고 말았습니다. 여와 야, 보수와 진보, 양쪽 모두 진영의 논리에 빠져 반대를 위한 반대를 일삼았고, 이는 국민의 눈에 어처구니없는 정쟁으로 비쳤습니다.

여당 시절 추진했던 FTA, 연금개혁을 야당이 되니까 반대하는 일, 의원 개개인이 헌법기관인 국회에서 여야가 당론투표를 강요하는 일, 역대 정권마다 여당이 정부와 청와대의 거수기 역할만 해오던 일, 이런 부끄러운 일들이 진영 싸움 때문에 일어난 일들이라고 생각합니다.

그래서 저는 원내대표가 된 이후 가급적 당론이라는 이름으로 의원님들의 자유로운 의사를 구속하지 않겠다고 다짐했습니다.

시대가 바뀌어도 보수와 진보가 똑같을 수는 없습니다.

그러나 국가의 먼 장래를 위해 꼭 해야 할 일이라면, 오늘 보수와 진보는 머리를 맞대고 공통의 국가과제와 국가전략을 찾아 나서야 합니다. 그러기 위해서는 진영의 논리에서 벗어나야 합니다. 진영 싸움을 중단해야 합니다. 우리는 국가의 미래를 위한 합의의 정치를 시작해야 합니다. 국가적으로 꼭 필요한 일들은 합의의 정치를 통하여 정책을, 입법을, 예산을 구체화해야 합니다.

우리가 합의의 정치를 해야 할 이유는 또 있습니다.

포퓰리즘의 과열 경쟁을 자제하기 위해서도 합의가 필요합니다.

'민주주의라는 정치 시장'에서 정치의 본능은 득표입니다. 표 때문에 우리 정치인들은 포퓰리즘에서 완전히 자유로울 수 없는 사람들입니다. 소위 '죄수의 딜레마'처럼, 그동안 여야의 포퓰리즘 경쟁은 상호 상승작용을 일으키면서 반복되었고, 이는 국가재정, 국가발전에 큰 피해를 주었습니다. 역대 대선과 총선에서 각 정당 후보들이 내세운 공약들이 그 생생한 사례들입니다. 정치적으로 인기가 없지만 국가적으로 꼭 필요한 일을 하려면 합의의 정치가 필요합니다.

존경하는 선배 동료 의원 여러분!

우리 국회가 진영의 논리와 포퓰리즘 경쟁에서 벗어나 국가의 미래를 위한 합의의 정치를 시작한다면, 우리가 할 일은 많고, 국민은 우리 정치를 다른 눈으로 평가하기 시작할 것입니다.

저는 이런 노력이 진정한 정치개혁이라고 믿습니다.

성장과 복지, 안보와 통일, 저출산 고령화, 청년실업, 일자리와 노동, 교육, 보육, 의료, 연금 등 합의의 정치가 할 일은 무궁무진하다고 생각합니다.

매우 어려운 문제, 아주 인기 없는 정책일수록, 그러나 국가 장래를 위해 꼭 필요한 정책일수록 우리는 용기를 내어 통

큰 합의를 해야 합니다.

몇 가지 중요한 예를 들어보겠습니다.

4월 국회의 최대 현안인 공무원연금개혁이 그 첫 번째 시험대입니다.

공무원연금개혁은 역대 정권이 모두 시도했으나 번번이 좌절한, 매우 어려운 문제입니다. 공무원의 고통 분담이 수반되는 일이니 당연히 득표에 도움이 안 되는, 인기 없는 개혁입니다. 그러나 이제는 국민 모두가 알고 있듯이 국가 장래를 위해 지금 꼭 해야만 하는 개혁입니다.

지난 2년간 박근혜 정부가 추진했던 정책 중에서 저는 공무원연금개혁에 도전한 것을 가장 높이 평가합니다.

공무원연금개혁은 이념의 문제도, 정쟁의 대상도 아닙니다. 야당이 말하는 것처럼 무슨 군사작전 하듯이 추진하려는 것도 아니고, 20년 전 김영삼 정부 때부터 추진해왔던 것입니다.

어제 발표된 〈2014년 국가결산〉에 따르면, 총 국가부채 1,211조 원 중 53%인 644조 원이 공무원연금과 군인연금 충당 부채였습니다.

앞으로 공무원연금에 얼마나 더 심각한 문제가 발생하는지 우리는 다 알고 있지 않습니까?

미래 세대에게 엄청난 빚을 떠넘긴다는 것을 야당도 잘 알고 있지 않습니까?

이제 공은 우리 국회에 넘어와 있습니다.

당사자인 정부와 공무원이 해결하지 못한 개혁을 국회가 마무리해내야 합니다.

두 번째 사례는 세금과 복지 이슈입니다.

세금과 복지 이슈만큼 정치적 휘발성이 강한 이슈도 없을 것입니다. 소득세 연말정산 사태에서 우리는 생생하게 보았습니다. '세금을 올린 정당은 재집권에 성공할 수 없다'는 정치권의 금언이 있을 정도입니다.

지난 3년간 예산 대비 세수 부족은 22.2조 원입니다. '증세 없는 복지는 허구'임이 입증되고 있습니다. 이제 우리 정치권은 국민 앞에 솔직하게 고백해야 합니다.

세금과 복지의 문제점을 털어놓고, 국민과 함께 우리 모두가 미래의 선택지를 찾아 나서야 합니다. 이 일은 공무원연금개혁보다 더 어렵고, 인기는 더 없지만, 국가 장래를 위해 더 중요한 일입니다.

세금과 복지야말로 합의의 정치가 절실하게 필요한 문제입니다.

서민 증세, 부자 감세 같은 프레임으로 서로를 비난하는 저급한 정쟁은 이제 그만두고 여야가 같이 고민해야 합니다.

그 고민의 출발은 장기적 시야의 복지 모델에 대한 합의라고 저는 생각합니다.

현재 우리의 복지는 '저(低)부담-저(低)복지'입니다.

현재 수준의 복지로는 양극화 문제를 해결하고 공동체의 붕괴를 막기에 크게 부족합니다.

그러나 '고(高)부담-고(高)복지'는 국가재정 때문에 실현 가능하지도 않고, 그게 바람직한지도 의문입니다.

우리가 지향해야 할 목표는 '중(中)부담-중(中)복지'라고 저는 생각합니다.

국민 부담과 복지지출이 GDP에서 차지하는 비율을 기준으로 OECD 회원국 평균 정도 수준을 장기적 목표로 정하자는 의미입니다.

가진 자가 더 많은 세금을 낸다는 원칙, 법인세도 성역이 될 수 없다는 원칙, 그리고 소득과 자산이 있는 곳에 세금이 있다는 보편적인 원칙까지 같이 고려하면서 세금에 대한 합의에 노력해야 합니다.

우리나라의 부자와 대기업은 그들이 감내할 수 있는 수준의 세금을 떳떳하게 더 내고 더 존경받는 선진사회로 나아가야 합니다.

조세의 형평성이 확보되어야만 중산층에 대한 증세도 논의가 가능해질 것입니다.

존경하는 국민 여러분!

성장의 해법은 경제, 사회 전 분야에 걸친 고통스러운 개혁입니다. 성장을 향한 개혁은 고통스럽기 때문에 어느 일방의 희생만 강요해서는 안 됩니다. 개혁이 성공하려면 공정한 고통 분담, 공정한 시장경제가 전제되어야 합니다. 이를 위한 사회적 합의가 필요하며, 합의의 정치가 필요합니다. 노사정 대타협이 바로 그런 합의입니다.

그러나 안타깝게도 오늘 이 시간까지 진통을 겪고 있습니다. 노동시장의 유연성을 높이는 정책 못지않게, 정규직과 비정규직, 대기업과 중소기업 간의 임금 격차 등 이중구조를 해소하고 고용 안정성을 높이는 데 최선을 다해야 합니다. 특히 비정규직에 대한 차별을 해소하는 정책은 우리 사회의 공정성과 양극화 해소 차원에서 강력히 추진되어야 합니다. 정부와 공기업은 지금 추진 중인 비정규직의 정규직 전환을 더 확실하게 추진해야 합니다. 30대 그룹과 대형 금융기관들도 상시적 업무에 일하는 비정규직을 정규직으로 전환하는 등 사회적 책임을 다해야 합니다.

재벌도 개혁에 동참해야 합니다. 재벌 대기업은 지난날 정부의 특혜와 국민의 희생으로 오늘의 성장을 이루었습니다.

재벌 대기업은 무한히 넓은 글로벌 시장에서 일등이 되기 위해 글로벌 경쟁력을 갖춘 분야에 집중해야 합니다. 일가 친척에게 돈벌이가 되는 구내식당까지 내주고 동네 자영업자의 생존을 위협하는 부끄러운 행태는 스스로 거두어들여야 합니다.

천민자본주의의 단계를 벗어나 비정규직과 청년실업의 아픔을 알고 2차, 3차 하도급 업체의 아픔을 알고, 이러한 문제의 해결에 자발적으로 동참하는 존경받는 한국의 대기업 상으로 거듭나야 합니다.

정부는 재벌 대기업에게 임금 인상을 호소할 것이 아니라, 하청단가를 올려 중소기업의 임금 인상과 고용 유지가 가능하도록 해야 합니다.

가장 단순하면서도 강력한 재벌 정책은 재벌도 보통 시민들과 똑같이 법 앞에 평등하다는 것을 실천하는 것입니다.

재벌그룹 총수 일가와 임원들의 횡령, 배임, 뇌물, 탈세, 불법 정치자금, 외화 도피 등에 대해서는 보통 사람들, 보통 기업인들과 똑같이 처벌해야 합니다. 그런 점에서 대통령, 검찰, 법원은 재벌들의 사면, 복권, 가석방을 일반 시민들과 다르게 취급할 하등의 이유가 없습니다.

공정한 고통 분담과 공정한 시장경제는 결국 복지, 노동, 경제민주화, 법치로 귀결됩니다.

존경하는 국민 여러분!

선배 동료 의원 여러분!

19대 국회가 일할 수 있는 시간은 이제 얼마 남지 않았습니다.
우리 19대 국회가 국민의 고통을 덜어드리기 위해, 국민에게 내일의 희망을 드리기 위해 과연 무엇을 했는지 되돌아보지 않을 수 없습니다.

"나는 왜 정치를 하는가?"

저는 매일 이 질문을 저 자신에게 던집니다.

저는 고통받는 국민의 편에 서서 용감한 개혁을 하고 싶었습니다. 15년 전 제가 보수당에 입당한 것은 제가 꿈꾸는 보수를 하고 싶었기 때문입니다. 제가 꿈꾸는 보수는 정의롭고 공정하며, 진실되고 책임지며, 따뜻한 공동체의 건설을 위해 땀 흘려 노력하는 보수입니다.

지난 15년간 여의도에 있으면서 제가 몸담아보지 않았던 진보 진영에도 나라를 걱정하고 국민을 사랑하는 훌륭한 정치인들이 많다는 것도 알게 되었습니다.

또 그분들의 생각 중에 옳은 것도 많고, 저의 생각이 틀렸다는 것을 느낄 때도 많았습니다.

좋은 생각, 옳은 생각을 가진 선량들이 모인 이 국회가, 우리 정치가 왜 국민에게 신뢰를 받지 못하고 불신과 경멸의 대상이 되었는지 우리는 깊이 생각해봐야 합니다.

오늘 제가 말씀드린, '진영을 넘어 미래를 위한 합의의 정치'
가 하나의 해결책이 되기를 소망하면서 제 말씀을 마칩니다.
경청해주셔서 감사합니다.

2015년 4월 8일

새누리당 원내대표 유승민

유시민

출생연도	1959년
출신지	경상북도 경주
이념	진보
연고 정당	더불어민주당, 정의당
주요 경력	국회의원(재선)
	보건복지부장관

유시민이 진보 세력을 대표해 대통령선거에 출마한다고 하
면 가장 먼저 반대하고 나설 이가 유시민 본인일 것이다. 이
른바 자신의 주군인 노무현 전 대통령이 비극적으로 생을
마감하는 모습을 본 그가 다시 그런 길을 가고자 하지는 않
을 것이기 때문이다. 게다가 그는 이른바 586세대 정치인 대
부분과 달리 기성 정치의 틀 속으로 편입되는 것을 필사적
으로 포기하면서 살아가고 있다.

그런데 바로 이러한 면이 유시민을 다른 진보 세력 내의

인물과 구분하는 가장 큰 장점이다. 이러한 것을 아이러니라고 할 수 있을 것이다.

기성 정치의 틀 속으로 편입되는 것을 포기한다는 것은 무슨 의미일까? 무엇보다 권력이 주는 특권을 받아들이지 않겠다는 것이다. 물론 기성 정치권에 속한 모든 정치인이 권력의 특권을 누린다는 뜻은 아니다. 그러나 앞서 살펴본 바가 있듯이 대한민국 국회의원들은, 국가적으로도 그렇지만 자신의 지역구에서는 소왕국을 수립하며 살아갈 수 있다. 그러므로 한번 그 맛을 본 이들은 그 환경에서 벗어나기가 어렵다. 진실을 말하라면, 그 환경에서 벗어나지 못하는 사람을 비난하는 것이 오히려 위선일지 모른다. 우리 모두 그러할 테니까. 그러니 그들을 비난하는 것이 아니라 그 환경에서 과감히 벗어난 사람을 인정해야 한다.

2022년 대선과 지방선거 패배 이후 이른바 진보 세력 내에서 전개되는 '586 용퇴론'은 20세기 민주화라는 화두를 배경으로 21세기 대한민국 정치를 이끌어온 시대정신이 더 이상 무의미하다는 시대적 명령이라고 할 수 있다. 그러나 그렇다고 해서 그 시대에 민주화운동을 한 모든 이가 물러나야 한다는 것은 아니다. 20세기 민주화운동을 무기로 21세기 정치운동을 하는 것이 시대착오적이라는 것이지, 단순히 나이나 민주화운동 경력만으로 물러나라고 요구하는 것은 정치적 폭력에 불과하다.

사실 보수 세력 내에도 586세대보다 더 나이가 많은 인물이 많다. 그런데 왜 그들에게는 용퇴하라고 하지 않는가? 그건 그들이 정치하는 명분이 '민주화운동'이 아니기 때문이다. 그러니 진보 세력 내의 586세대도 과거의 경력만으로 국회의원 배지를 다는 폐습에서 벗어났다면 그는 다른 세력인 셈이다.

유시민이 '586 용퇴론'의 대상이 되어야 한다고 여기는 사람은 극히 드물 것이다. 그는 민주화운동 경력을 무기로 오늘날까지 정계에 발을 담그고 있지 않으니까.

둘째, 그는 자리를 탐하지 않았다.

이 역시 권력이 주는 특권을 받아들이지 않겠다는 다짐과 상통(相通)한다고 볼 수도 있다. 그러나 그는 정치판에 있을 때도, 그리고 그 후에도 특별한 자리를 탐하지 않았다. 물론 자리를 줄 사람이 없었기 때문일지도 모르지만, 그런 내부적 상황이 드러난 것이 없는 한 우리로서는 그가 일정한 자리에 오를 수 있었음에도 가지 않았다고 판단할 수밖에 없다.

셋째, 그는 좌고우면하지 않는다.

기성 정치를 염두에 둔 사람들은 말 한마디, 글 한 줄 쓸 때도 여러 가지를 고려해야 한다. 물론 보수 세력은 그런 것을 염두에 둘 필요가 없다. 많은 분들이 알고 있듯이 대한민국에 특별한 문화 가운데 하나가, 보수 세력에 대한 놀라운 관용과 진보 세력에 대한 과도한 엄격함이다. 보수 인사들의 성폭행, 음주운전, 불법 전입 따위는 능력 기준에서 보면 별거 아니다. 사람이 살다 보면 실수도 할 수 있고, 잘못도 저지를 수 있다. 문제는 그가 반성을 하였느냐다.[46]

그러나 진보 세력은 절대 이런 사례를 자신에게 적용하려 들면 안 된다. 대한민국 진보 세력에 속한 이들은 자식이 아무리 공부를 잘해도 특목고에 보내면 안 되고, 능력이 뛰어나도 강남에 아파트를 소유하면 안 된다. 하물며 성희롱이니 음주운전, 불법 전입 등은 인간(아니 진보 세력)으로서 할 수 있는 일이 아니다. 당연히 진보 세력을 자처하는 이라면 입과 펜을 극도로 조심해야 한다. 그리고 이러한 조심스러운 행보는 진보 세력 인물이 성장하는 데 걸림돌이 되기도 한다.

앞서 살펴본 바 있듯이 대한민국 시민들은 진보 세력 지도자에게는 혁명가의 자질을 요구한다. 평범하고 무던한 인물이라면 보수에 어울리지, 진보에는 어울리지 않는다고 여기기 때문이다. 2022년 대선의 민주당 후보 경선에서 경륜과 안정성이 탁월한 이낙연 후보가 이재명 후보에게 패한 것 역시 대한민국 시민들이 진보 세력에게 바라는 바가 무엇인지를 잘 보여주는 사례라고 하겠다. 조심스러울수록 시

민들이 요구하는 진보적 지도자로서는 부족한 셈이다.[47]

여기까지만 보아도 대한민국에서 진보 세력을 대변하는 지도자로 성장하는 것이 얼마나 어려운지 알 수 있다. 그러나 그것이 숙명이다. 그런 면에서 유시민은 글과 말을 제외하면 특별한 결격사유가 없는 인물이다. 재산, 사생활 등에서 말이다.

게다가 그가 세상에 널리 이름을 알린 것 역시 그의 글로부터 비롯했으니 글과 말이 문제라기보다는 오히려 장점으로 작용할 수도 있다. 윤석열 정부 아래서는 그 촌철살인이 무기가 될 개연성이 높기도 하다.

마지막으로, 그는 아직도 학생으로서 민주화운동을 할 때의 순수성을 지닌 드문 인간이다(물론 이건 주관적 판단이기 때문에 누군가는 아니라고 여길 수도 있다). 당연히 20대 초반과는 다른 순수함일 것이다. 그러나 이웃과 사회에 대한 정치·사회적 사명을 잊지 않고 수십 년을 살아가는 것이 얼마나 고된 일인지 아는 시민이라면 그를 인정하지 않을 수 없을 것이다.

그를 유명하게 만든 것으로 흔히 평가받는 '항소이유서'는 그가 우리 나이로 스물일곱 살이던 1985년에 쓴 것이다. 잘 알려진 것처럼 '항소이유서'는 1심 재판에서 유죄 또는 불만족스러운 선고를 받은 피고 또는 피고측 변호사가 쓰는 것인데, 대부분은 변호사가 쓴다. 일반인이 형식적 글인 항소이유서를 쓸 만한 능력을 갖춘 경우는 거의 없을 테니 말이다. 그런데 스물일곱 살 대학생이 직접 항소이유서를 쓴 것 자체도 기이했지만, 그 내용이 그 시대를 살아가며 정권에 맞서 싸우던 학생들의 입장을 탁월하게 대변한 까닭에 널리 회자되었고, 오늘날 그가 획득한 논객(論客)이자 작가로서의 명성 역시 이 글로부터 시작했다고 해도 지나치지 않다.

그러나 우리는 그의 글솜씨가 아니라 그 글에 담긴 진심, 글에 담긴 정치의식에 관심이 있다. 지금 우리는 작가가 아니라 대한민국의 미래를 책임질 지도자에 대해 논하고 있기 때문이다.

다음에 소개하는 항소이유서 마지막 부분을 살펴보면, 2022년에 그가 여전히 꿈꾸는 세상이 어떤 것일지, 그리고 그가 진정으로 그러한 세상을 위해 몸을 던질 준비가 되어 있는지 확인할 수 있다.

　(…) 1심판결은 이러한 이유로 인하여, 사건과 관련된 각 개인 및 집단의 윤리적 법적 책임을 명확히 함으로써 우리 사회 전체의 도덕적 향상에 기여해야 할 사법부의 사회적 의무를 송두리째 방기한 것이라 판단하지 않을 수 없습니다. 거

듭 밝히거니와 본 피고인이 이처럼 1심판결의 부당성을 구태여 지적한 것은 자신의 책임을 회피하기 위해서가 아니라 타당한 이유에 의한 유죄 선고를 원하기 때문입니다.

끝으로, 현재 마치 '폭력 과격 학생'의 본보기처럼 되어버린 본 피고인은 이 항소이유서의 맺음말을 대신하여 자신을 위한 몇 마디 변명을 해볼까 합니다. 본 피고인은 다른 사람보다 더 격정적이거나 또는 잘난 체하기 좋아하는 인간이 결코 아니며, 하물며 빨간 물이 들어 있거나 폭력을 숭배하는 젊은이는 더욱 아니기 때문입니다. 본 피고인은 거리에서 흔히 볼 수 있는 가장 평범한 청년에 지나지 않으며 늘 "불의를 보고 지나치지 말라", "이웃의 아픔을 나의 아픔처럼 생각하라", "거짓말하지 말라"고 가르쳐주신, 지금은 그분들의 성함조차 기억할 수 없는 국민학교 시절 선생님들의 말씀을 불변의 진리로 생각하는, 오히려 조금은 우직한 편에 속하는 젊은이입니다. 본 피고인은 이 변명을 통하여 가장 순수한 사랑을 실천해나가는, 조국에 대한 무한한 사랑을 실천하는 행위, 곧 민주주의의 재생을 요구하는 학생들의 투쟁 전체를 옹호하고자 합니다.

지금으로부터 7년 전인 1978년 2월 하순, 고향집 골목 어귀에 서서 자랑스럽게 바라보시던 어머니의 눈길을 등 뒤로 느끼면서 큼직한 짐보따리를 들고 서울 유학길을 떠나왔을 때,

본 피고인은 법관을 지망하는(그 길이 여섯이나 되는 자식들을 키우시느라 좋은 옷, 맛난 음식을 평생토록 외면해오신 부모님께 보답하는 길이라는 생각이 들었기 때문에, 또 그 일이 나쁜 일이 아님을 확신했으므로) 아직 어린 티를 벗지 못한 열아홉 살의 촌뜨기 소년이었을 뿐입니다. 모든 이들로부터 따뜻한 축복의 말만을 들을 수 있었던 그때, 서울대학교 사회계열 신입생이던 본 피고인은 '유신체제'라는 말에 피와 감옥의 냄새가 섞여 있는 줄은 정말 몰랐습니다. "유신만이 살길이다"라고 하신 사회 선생님의 말씀이 거짓말일 수도 없었으니까요. 오늘은 언제나 달콤하기만 했으며, 생각하기만 해도 가슴 설레던 미래는 오로지 장밋빛 희망 속에 감싸여 있었습니다.

그런데 진달래는 벌써 시들었지만 아직 아카시아꽃은 피기 전인 5월 어느 날, 눈부시게 밝은 햇살 아래 푸르러만 가던 교정에서, 처음 맛보는 매운 최루 가스와 걷잡을 수 없이 솟아나오던 눈물 너머로 머리채를 붙잡힌 채 끌려가던 여리디여린 여학생의 모습을, 학생회관의 후미진 구석에 숨어서 겁에 질린 가슴을 움켜쥔 채 보았던 것입니다.

그날 이후 모든 사물이 조금씩 다른 의미로 다가들기 시작했습니다. 기숙사 입구 전망대 아래에 교내 상주하던 전투 경찰들이 날마다 야구를 하는 바람에 그 자리만 하얗게 벗겨져 있던 잔디밭의 흉한 모습은 생각날 적마다 저릿해지는 가슴

속 묵은 상처로 자리 잡았습니다. 열여섯 꽃 같은 처녀가 매주 60시간 이상을 일해서 버는 한 달치 월급보다 더 많은 우리들의 하숙비가 부끄러워졌습니다. 맥주를 마시다가도, 예쁜 여학생과 고고 미팅을 하다가도 문득문득 나쁜 짓을 하다가 들킨 아이처럼 얼굴이 화끈거리는 일이 잦아졌습니다. 이런 현상들이 다 '문제 학생'이 될 조짐이었나 봅니다. 그리고 그 겨울, 사랑하는 선배들이 '신성한 법정'에서 죄수가 되어 나오는 것을 보고 나서는 자신이 법복 입고 높다란 자리에 앉아 있는 모습을 꽤나 심각한 고민 끝에 머릿속에서 지워버리고 말았습니다.

이듬해 여름 본 피고인은 경제학과 대표로 선출됨으로써 드디어 문제 학생임을 학교 당국 및 수사기관으로부터 공인받았고, 시위가 있을 때면 앞장서서 돌멩이를 던지기에 이르렀습니다. 그리고 점증하는 민중의 반독재 투쟁에 겁먹은 유신 정권이 내분으로 붕괴해버린 10·26정변 이후에는, 악몽 같았던 2년간의 유신 치하 대학 생활을 청산하고자 총학생회 부활 운동에 참여하여 1980년 3월 '총학생회 대의원회 의장'이라는 중요한 직책을 맡게 되었습니다. 잊을 수 없는 그 봄의 투쟁이 좌절된 5월 17일, 본 피고인은 갑작스레 구속 학생이 되었고, '교수와 신부를 때려준 일'을 자랑삼는 대통령 경호실 소속 헌병들과, 후일 부산에서 '김근조 씨 고문 살해' 사건을 일으킨 장본인들인 치안본부·특수수사관들로부터 두 달 동안의 모진 시달림을 받은 다음, 김대중 씨가 각 대학 학생회장에게 자금을 나누어 받았다는 허위 진술을 해주지 않을 수 없었습니다. 구속 석 달 만에 영문도 모른 채 군법회의 공소기각 결정으로 석방되었지만, 며칠 후 신체검사를 받자마자 불과 40시간 만에 변칙 입대 당함으로써 이번에는 '강집(강제 징집) 학생'이 되기에 이르렀습니다.

입영 전야에 낯선 고장의 이발소에서 머리를 깎이면서 본 피고인은 살아 있다는 것이 더 이상 축복이 아니요 치욕임을 깨달았습니다. 그날 이후 제대하던 날까지 32개월 하루 동안 본 피고인은 '특변자'(특수 학적 변동자)라는 새로운 이름을 가지게 되었으며, 늘 감시의 대상으로서 최전방 말단 소총 중대의 소총수를 제외한 일체의 보직으로부터 차단당하지 않으면 안 되었습니다. 그리고 영하 20도의 혹한과 비정하게 산허리를 갈라 지른 철책과 밤하늘의 별만을 벗 삼는 생활이 채 익숙해지기도 전인 그해 저물녘, 당시 이등병이던 본 피고인은 대학 시절 벗들이 관계한 유인물 사건에 연루되어 1개월 동안 서울 보안사 분실과 지역 보안 부대를 전전하고 대학 생활 전반에 대한 상세한 재조사를 받은 끝에 자신의 사상이 좌경되었다는, 마음에도 없는 반성문을 쓴 다음에야 부대로 복귀할 수 있었으며 동시에 다른 연대로 전출되었습니다. 하지만 본 피고인은 민족 분단 비극의 현장인 중동부 전선 최전방에서, 그것도 최말단 소총 중대라는 우리 군대의 기간 부대에서 3년을 보낼 수 있었음을 크나큰 행운으로 여기며 남에게 뒤지지 않는 훌륭한 병사였음을 자부합니다.

그런데 제대를 불과 두 달 앞둔 1983년 3월 또 하나의 시련이 기다리고 있었습니다. 지난해 세상을 놀라게 한 '녹화 사업' 또는 '관제 프락치 공작'이 바로 그것입니다. 인간으로 하여금 일신의 안전을 위해서는 벗을 팔지 않을 수 없도록 강요하는 가장 비인간적인 형태의 억압이 수백 특변자들에게 가해진 것입니다. 당시 현역 군인이던 본 피고인은 보안 부대의 공포감을 이겨내지 못하여 형식적으로나마 그들의 요구에 응하는 타협책으로써 일신의 안전을 도모할 수는 있었지만, 그로 인한 양심의 고통은 피할 수 없는 일이었습니다. 이처럼 군사독재정권의 폭력 탄압에 대한 공포감에 짓눌려 지내던 본 피고인에게 삶과 투쟁을 향한 새로운 의지를 되살려준 것은 본 피고인과 마찬가지로 강제 징집당한 학우들 중 6명이 녹화 사업과 관련하여 잇달아 의문의 죽음을 당하거나 스스로 목숨을 끊었다는 충격적인 사건이었습니다.

동지를 팔기보다는 차라리 죽음을 택한 순결한 양심의 선포 앞에서 본 피고인도 언제까지나 자신의 비겁을 부끄러워하고 있을 수는 없었습니다. 그것이야말로 순결한 넋에 대한 모욕인 탓입니다. 그래서 1983년 12월의 제적 학생 복교 조치를 계기로 본 피고인은 벗들과 함께 '제적 학생 복교 추진 위원회'를 결성하여 이 야수적인 강제 징집 및 녹화 사업의 폐지를 위해, 그리고 진정한 학원 민주화를 요구하며 복교하지 않은 채 투쟁하였습니다. 이때에도 정권은 녹화 사업의 존재, 아니 강제 징집의 존재마저 부인하면서 우리에게 '복교를 도외시한 채 정부의 은전을 정치적 선동의 재료로 이용하는 극소수 좌경 과격 제적 학생들'이라는 참으로 희귀한 용어를 사용해가면서, 어용 언론을 동원한 대규모 선전 공세를 펼친 바 있습니다. 그리고 지난해 9월 여러 가지 사정으로 복학하게 되었을 때 본 피고인은 '민주화를 위한 투쟁은 언제 어디서나 어떤 형태로든 계속되어야 한다'는 소신에 따라 '복학생협의회'를 조직하였습니다. 그러나 복학한 지 불과 보름 만에 이 사건으로 다시금 제적 학생 겸 구속 학생이 되었을 뿐만 아니라 본 피고인의 이름은 '폭력 학생'의 대명사가 되어버리고 말았습니다.

본 피고인은 이렇게 하여 5·17폭거 이후 두 번씩이나 제적당한 최초의, 그리고 이른바 자율화 조치 이후 최초로 구속 기소되어, 그것도 '폭행법'의 위반으로 유죄 선고를 받은 '폭력 과격 학생'이 된 것입니다. 그러나 본 피고인은 지금도 자신의 손이 결코 폭력에 사용된 적이 없으며 자신이 변함없이 온화한 성격의 소유자임을 의심치 않습니다. 그러므로 늙으신 어머니께서 아들의 고난을 슬퍼하며 을씨년스러운 법정 한 귀퉁이에서, 기다란 구치소의 담장 아래서 눈물짓고 계신다는 단 하나 가슴 아픈 일을 제외하면 몸은 0.7평의 독방에 갇혀 있지만 본 피고인의 마음은 늘 평화롭고 행복합니다.

빛나는 미래를 생각할 때마다 가슴 설레던 열아홉 살의 소년이 7년이 지난 지금 용서받을 수 없는 폭력배처럼 비난받게 된 것은 결코 온순한 소년이 포악한 청년으로 성장했기 때문이 아니라, 이 시대가 '가장 온순한 인간들 중에서 가장 열렬한 투사를 만들어내는' 부정한 시대이기 때문입니다. 본 피고인이 지난 7년간 거쳐온 삶의 여정은 결코 특수한 예외가 아니라 이 시대의 모든 학생들이 공유하는 보편적 경험입니다.

본 피고인은 이 시대의 모든 양심과 함께하는 '민주주의에 대한 믿음'에 비추어, 정통성도 효율성도 갖지 못한 군사독재정권에 저항하여 민주제도의 회복을 요구하는 학생운동이야말로 가위눌린 민중의 혼을 흔들어 깨우는 새벽 종소리임을 확신하는 바입니다.

오늘은 군사독재에 맞서 용감하게 투쟁한 위대한 광주민중항쟁의 횃불이 마지막으로 타올랐던 날이며, 벗이요 동지인 고 김태훈 열사가 아크로폴리스의 잿빛 계단을 순결한 피로

적신 채 꽃잎처럼 떨어져간 바로 그날이며, 번뇌에 허덕이는 인간을 구원하기 위해 부처님께서 세상에 오신 날입니다. 이 성스러운 날에 인간 해방을 위한 투쟁에 몸 바치고 가신 숱한 넋들을 기리면서 작으나마 정성 들여 적은 이 글이 감추어진 진실을 드러내는 데 조금이라도 보탬이 될 것을 기원해 봅니다.

모순투성이이기 때문에 더욱더 내 나라를 사랑하는 본 피고인은 불의가 횡행하는 시대라면 언제 어디서나 타당한 격언인 네크라소프의 시구로 이 보잘것없는 독백을 마치고자 합니다.

"슬픔도 노여움도 없이 살아가는 자는 조국을 사랑하고 있지 않다."

1985년 5월 27일

성명 류시민

서울 형사 지방 법원 항소 제5부 재판장님 귀하

이 글을 쓸 때의 심경을 그가 지금 이 순간에도 여전히 간직하고 있다고 믿으며, 그가 발분(發奮)하여 다시 혼탁한 정계로 나오기를 바란다. 이제 당신이 '시민 앞에 무릎을 꿇어야 할 때'이므로.

이재명

출생연도	1964년
출신지	경상북도 안동
이념	진보
연고 정당	더불어민주당
주요 경력	경기도지사
	현 국회의원

이 책에서 우리는 가능한 한 숨어 있는 지도자감을 소개하고자 했다.

"그렇다면 유승민은 왜 들어갔나? 예선에도 여러 번 나와 떨어졌고, 본선에도 나왔다 떨어진 인물인데."

맞다. 그러나 이제껏 유승민이 대통령에 당선될 가능성이 있다고 믿은 사람은 거의 없을 것이다. 그만큼 그는 시민들 뇌리에 지도자로 각인되어 있지 않았다. 따라서 실제로 그가 유력 대선 후보가 된다면 그의 정치적 지향점은 새롭게 인식되어야 할 것이다. 그래서 우리는 그를 보수 진영의 새로운 인물, 잠재적 지도자로 재평가한 것이다.

그렇다면 이재명은 또 뭔가? 하는 분이 많을 것이다.

당연하다. 이재명은 이른바 '다음 대통령'에 대해 우리가 심사숙고하도록 만든 주역이다. 그가 2022년 대선에서 이겼다면 이런 책도 필요 없고, 우크라이나 전쟁으로 촉발된 세계적인 냉전 구도, 나아가 열전(熱戰)으로 비화될지도 모르는 격변기에 나라 걱정하지 않았을 테니까.

그럼에도 이재명을 기존 정치인과 다르게 여기서 다루는 까닭이 있다. 제20대 대선에 출마할 무렵 이재명은 기성 정치인이기도 했고 아니기도 했다. 사실 그는 여의도 정치판에서 활동한 적이 없다. 경기도 성남시장과 경기도지사를 거쳐 대선에 출마했으니, 엄밀히 말하면 그는 정치인이라기보다는 행정가였던 셈이다. 그런 면에서 제20대 대선은 정치인이 아닌 인물끼리 겨룬 선거라고 해도 많이 어긋나지는 않는다.

그렇다고 이재명을 윤석열 대통령과 같은 반열에 놓는 것은 아니다. 대통령이라는 직책은 한 나라 살림을 꾸려나가는 것이니 어떤 면에서는 국회의원보다 오히려 행정가 출신이 더 어울릴 테니까. 반면에 검찰총장은 말 그대로 검찰이라는 일개 부처를 이끄는 인물 아니던가.

이제부터 이재명의 사명에 대해 살펴보자.

사명은 미래적 개념이다. '사명'이라는 말에는 향후 어떤 일을 해야 한다는 의미가 내포되어 있으니 말이다. 왜 이재명의 과거에 관심을 두지 않는가. 지난 2022년 대선에서 이재명의 과거에 대해서는 삼척동자도 알 만큼 언론과 보수 진영, 하다못해 민주당 내의 경쟁 세력까지 나서서 다 밝혔다. 그러니 더 이상 살펴볼 필요를 느끼지 못한다.

그렇다면 이재명의 정치적 사명은 무엇일까?

노무현의 못다 이룬 꿈을 이루는 것이다.

노무현의 못다 이룬 꿈!

이것이야말로 우리 정치사가 해결해야 할 가장 무겁고 주요한 사명이다.

'고졸'[48] 노무현, '낙선' 노무현이 이루고자 한 꿈은 한마디로 말하면 이거다.

"돈 없고 빽 없고 권력 없는 이들도, 모든 걸 가진 자들과 같은 대우를 받는, 진정한 민주주의 국가."

이는 다시 말하면 대한민국(나아가 미국을 비롯한 대부분의 형식적 민주주의 국가)의 민주주의는 허울뿐인 민주주의일 뿐 다수 시민들에게는 구조적으로 '넘사벽'[49]이 존재하는 나라라는 말이다. 그걸 깨야만 비로소 대한민국은 민주주의 국가가 될 수 있다.

그리고 그걸 깰 사명이 진보 세력에게 있다. 이는 보수 세력을 폄하하는 게 아니다. 보수란 사전에도 나와 있듯이, "① 보전하여 지킴. ② 새로운 것이나 변화를 적극적으로 받아들이기보다는 전통적인 것을 옹호하며 유지하려 함"이라는 뜻이니까. 반면에 진보는 현상을 고치고 깨서 새로운 세계로 나아가는 것이 사명이다. 물론 대한민국 시민들은 앞서 설명한 것처럼 진보 세력에게는 '현상을 고치고 새로운 세계로 나아가는 것'을 넘어 완전히 새로운 세상을 만들 것, 즉 혁명을 요구하지만.

여하튼 오늘날 우리 시야에 들어오는 정치인 가운데 노무현의 정신에 가장 근접한 인물은 이재명이다(2022년 대선 과정에서 드러난 그의 과거와 현재의 모든 인생 역정을 보라). 이재명은 노무현의 정신에 행정가로서의 경험을 덧붙여 한 단계 승화할 수 있는, 거의 유일한 인물이다.

그러나 현실은 온갖 장애물로 가득하다. 당내 입지는 약하고, 당내 경쟁자들은 지속적으로 그를 공격한다. 그의 명함에는 '대선 패배자'라는 낙인이 금장(金裝)으로 찍혀 있고, 그의 과거 역시 언제든 하이에나 언론의 강력한 턱에 씹힐 수 있다.

그렇다면 이재명은 어떻게 미래로, 노무현의 못다 이룬 꿈을 이룰 수 있을까?

이재명이 아니라 이제는 '저재명'이 되어야 한다. 우스갯소리 같지만 이재명이라는 인물의 영혼만 남긴 채 드러나는 모든 것을 바꾸어야 한다는 말이다. 자신이 지켜야 할 새끼 사자(시민)를 위해 하이에나와 맞짱을 떠야 한다. 절대 피하면 안 된다. 오늘날 아프리카에서 하이에나는 안정적인 개체수를 유지하는 반면 그를 피해 다닌 사자와 치타 등은 멸종

위기에 처해 있다. 자연도 그러할진대 인간 세계는 더더욱 잔인하지 않은가.

그러니 이재명은 절대 피해서는 안 된다. 당내에서 누가 뭐라고 하면 더욱 강하게 반격해야 한다. 언론이 물어뜯으면 더 강한 이빨을 내세워 죽을힘을 다해 싸워야 한다. 한마디로 그 어떤 눈치도 보지 말아야 한다. 오직 힘없고 가난하며, 종부세가 무엇인지도 모르면서 종부세 내는 자들을 위해 표를 던지는 이들을 위해 싸워야 한다.

너무 극단적이라고? 너무 과격하다고?

그렇다면 이른바 정치인들의 화법으로 말해보자.

하나, 종부세를 비롯한 부자들 몫의 세금도 시민의 저항이 거세면 적당히 무마하면서 세율도 깎아주자.

둘, 검찰개혁을 비롯한 기득권 세력의 저항도 연착륙할 수 있도록 대화와 타협을 통해 이루자.

셋, 경제성장을 위해 재벌들과 간담회도 갖고 법인세도 인하하면서 투자를 활성화할 수 있도록 하자.

넷, 아무리 일본이 무리한 요구를 해도 외교·안보상 미국이 중요하니까, 미국이 원하는 일본과의 경제·군사적 협력을 도외시하지 말자.

다섯, 북한이 우리와 같은 핏줄이기는 하지만 유엔의 제재를 받고 있고, 더욱이 세계 평화를 위협에 빠뜨리는 핵무기를 개발하는 한 대화보다는 압박에 힘을 둘 수밖에 없다. 또한 북한의 위협에 대응하기 위해서는 미사일 개발, 항공모함 개발, 사드 등 미국이 제공하는 다양한 첨단무기를 배치해야 한다. 필요하다면 전술핵무기도 배치해야 한다.

여섯, 누가 뭐래도 중국보다는 미국이다. 아무리 중국과 교역량이 많다고 해도 미국이야말로 우리 혈맹이다. 그러니 중국과 미국이 이처럼 갈등을 겪는 상황이라면 당연히 미국 편을 들어야 한다.

자, 만약 국회의원 이재명이 이렇게 발언하고 행동한다고 하자. 윤석열과 다른 점이 무엇인가? 그러면 기성 정치인, 기성 언론, 기성 사회, 기성 권력도 그를 지지할까?

하지만 우리는 알고 있다. 이재명이 아무리 위와 같이 그들과 타협을 하고자 해도 그들은 이재명을 선택하지 않는다는 것을.

결국 이재명은 기성 세력과 온전히 담을 쌓아야 한다. 민주당 내에서도 개혁적 신념보다는 현실적 이득을 위해 민주당을 선택한 이들이 많다. 특히 호남에 많다. 그런 이들은 어차피 버릴 각오를 해야 한다. 그리고 그 스스로 그렇게 살아왔듯, 옳다고 여기는 일은 무슨 난관이 있어도 추진해야 한다. 반면에 그른 일이라면 70년 동안 이어져온 관행이라 해도 버려야 한다.

그 과정에서 수많은 싸움이 일어날 것이다. 피를 흘릴 수도 있다.

그 길이 노무현의 길이고, 이재명이 가야 할 길이다.

그래서 이재명은 이제 거듭나야 한다. 그리고 이렇게 말해야 한다. 이에 대해 시민들이 등을 돌리면 자연인으로 돌아가야 하고, 함께하겠다고 나서면 새로운 대한민국을 만든 후 역사적 인물이 되면 끝이다.

하나, 종부세를 비롯해 우리 사회의 가진 자들에게 부과하는 세금은 결코 줄여서는 안 된다. 선진국이 제조업 중심에서 3차산업, 나아가 4차산업 중심 국가로 나아가면서 부의 편중 현상은 더욱 심화할 것이다. 이러한 때에 부유층 세금을 경감하면 정부는 당연히 간접세, 즉 모든 시민으로부터 세금을 거둘 수밖에 없다.[50] 지금도 대한민국의 빈부격차는 세계에서 가장 높은 수준이다. 그런데 부유층 세금을 경감하는 것이 무슨 실익이 있는가?

둘, 검찰을 비롯한 기득권 세력은 절대 자신들의 권리를 포기하지 않는다. 세계 역사를 보아도 기득권 세력이 아무 희생 없이 자신들의 권리를 포기한 사례는 없다. 이는 법적·제도적 개혁을 통해서만이 실현할 수 있다. 개혁 과정에서 많은 저항이 있을 것이다. 사회에는 일정 부분 혼란이 일어날 수도 있다. 시민 여러분께서는 저를 믿고 지지해주시기 바란다.

셋, 재벌들은 돈이 된다면 정부가 투자하지 말라고 해도 투자하고, 돈이 안 되면 투자하라고 아무리 외쳐도 투자하지 않는다. 도대체 어느 장사꾼이 돈 안 되는데 투자하겠는가. 나는 재벌들 모아놓고 밥 안 먹을 것이다. 현재도 대한민국 상장기업의 사내 유보금은 1천조 원을 넘는다. 돈이 안 되면 투자하지 않는 것이다. 따라서 법인세 인상을 고려해야 한다. 필요하다면 사내 유보금에 대한 과세도 해야 한다. 투자하지 않으면 세금을 더 내도록 해야 한다.

넷, 일본은 미국의 꼭두각시에 불과하다. 일본이 우리를 압박하는 것은 미국을 믿기 때문이다. 그러니 일본과 타협하는 것은 아무런 의미가 없다. 문제는 미국이기 때문이다. 그러니 일본과의 관계 개선에 목을 맬 필요가 없다. 지금은 미국 관계에 전념할 때다.

다섯, 북한 핵무기가 우리의 위협이니까 우리도 전술핵무기를 배치해야 한다고? 나아가 핵무기 개발에 나서야 한다고? 그럼 북한이 핵무기를 쏘면 어떻게 하는가? 우리도 핵무기로 대응한다? 한반도 양쪽에서 핵무기 여러 발이 터지고 수

백만 명이 죽고, 결국 전쟁에서 우리가 이긴다고 치자. 그것이 우리가 추구하는 통일이고 승리인가? 북한이 핵무기를 사용하지 못하도록 설득하고 북한을 한민족 공동체로 편입시키는 일이 훨씬 경제적이고 평화적이 아닐까?

여섯, 미국에게 이렇게 말할 것이다. "우리는 사드도 배치하지 않을 것이고, 나토의 동진에도 반대한다. 당연히 중국의 대만 침공에도 반대한다. 우리는 미국에 반대하지 않지만 중국과도 대결하지 않을 것이다. 동북아시아 긴장 완화가 우리의 운명을 결정하기 때문이다."

일주일에 한 번씩 나서서 국민 앞에 설명해야 한다. 1년에 한 번도 아니고, 매일 할 필요도 없다. 딱 일주일에 한 번. 자신을 과시하기 위함이 아닌, 진정으로 시민들을 설득하고 이해를 구하기 위해서 말이다. 그렇지 않다면 그는 한 번 패한, 적당히 개혁적인 대선 후보에 머무를 뿐이다. 우리는 수많은 정치인이 자신을 둘러싼 현실적 제약들과 타협하다가 스러져가는 모습을 무수히 보았다. 더 이상 시민들은 그런 무의미함과 무력감을 감내하고 싶지 않다.

이제 여의도에 입성한 이재명이 여의도에 새로운 바람을 불러일으키길 바란다. 마치 노무현이 전두환 청문회에서 자신의 명패를 던져버리듯이, 기성 대한민국 정치판을 과거로 던져버리기를 바란다. 그 길만이 이재명이 살고, 대한민국 시민들이 살며, 나아가 우리 미래가 사는 길이다.

임종석

출생연도	1966년
출신지	전라남도 장흥
이념	진보
연고 정당	더불어민주당
주요 경력	국회의원(재선)
	서울특별시 정무부시장
	문재인 대통령 비서실장

대한민국 역대 대통령을 보면 보수와 진보를 막론하고 영남 출신이 압도적으로 많다. 초대 이승만과 중간에 잠시 맡았던 윤보선, 최규하를 제외하면 박정희, 전두환, 노태우, 김영삼, 노무현, 이명박, 박근혜, 문재인에 이르기까지, 김대중과 윤석열을 제외하면 모두 영남 출신이다.

그 가운데서도 노무현, 문재인은 호남 유권자의 압도적 지지를 받아 당선되었다. 이쯤 되면 대한민국 선거에서 지역 감정이 작동하는 것이 아니라 지역 특성이 작동한다는 사실도 확인할 수 있다. 보수 영남과 진보 호남으로 말이다. 앞서도 말한 바와 같이 이는 매우 합리적인 분리다. 어느 나라건 보수적인 지역과 진보적인 지역으로 구분되는 것은 일반적인 현상이니까.

그렇다면 왜 진보적인 호남에서는 눈에 띄는 진보 정치인이 등장하지 않는 것일까? 사실이 그렇다. 김대중 이후 호남 출신 정치인 가운데 눈에 띄는 인물은 찾기 어렵다. 게다가 김대중 휘하에서 성장한 정치인 가운데 다수는 훗날 보수 정권에 부역했다는 혐의에서 자유롭지 못하다.[51]

도대체 왜 그럴까? 우리나라에서 가장 진보적인 지역에 왜 이런 인간들이 자주 등장하는 것일까? 진실은 이렇다.

박정희 군사독재를 거치면서 호남 출신 진보 인사들은 엄혹한 압박을 받았다. 박정희 정권 당시 호남 출신 정치인은 두 부류밖에 없었다. 박정희 정권의 지원을 받은 인사, 김대중의 후광을 등에 업은 인사. 물론 박정희 정권의 지원을 받는다고 해봤자 한직에 등용된 정도에 불과했지만.

박정희 정권이 끝난 후 전두환 집권기를 거치면서 호남 인사들은 압박을 넘어 고문과 박해의 시대를 살아야 했다. 그런 상황에서 호남 출신 젊은이들 가운데 제도권 정치를 하겠다고 나서는 경우는 드물 수밖에 없었다. 그런 이들은 직업으로서 정치인을 꿈꾸는 장삼이사(張三李四)이거나, 전문직에 종사하다가 우연한 기회에 제도권 정치에 몸담게 된 경우가 대부분이었다.

반면에 호남 출신 젊은이들 가운데 세상의 변혁을 꿈꾸는 이들은 정치 대신 이른바 운동권에 뛰어든 경우가 다반사였다. 그것이 제도권 출신 정계 인사들 가운데 호남 출신이 드문 이유다. 오늘날 정계에서 활동하는 인사들 가운데 호남 출신은 대부분 운동권 출신인 것 역시 이런 이유에서다.

한편 김대중의 후광을 등에 업고 정치에 나선 이들은 사실 정치인이라기보다는 보스를 모시는 집단이라고 하는 편이 더 적절하다. 평생 억압을 받고 망명·투옥의 삶을 살아온 김대중 곁에서 합리적 정책을 펼치는 정치를 하는 것은 거의 불가능했다. 그 무렵 김대중 주위에서 활동한 인물들을 가리켜 '가신 그룹'이라는 호칭을 쓰는 것 역시 그 때문이다. 결국 그들 중 다수는 이념이 아니라 감정으로, 아니면 의리로 뭉친 경우였다. 사실 이념도 쉽게 바꾸는 시대에 감정이나 의리 따위야 작은 이익 앞에서는 하늘에서 떨어지는 눈가루일 수밖에 없다. 그러니 주군인 김대중이 사라진 후 그들이 어떤 길을 택할지는 눈앞에서 흔들리는 이익의 팔랑거림이 결정하는 것이 당연하다.

오늘날 김대중의 정치적 의식을 계승한 인물들은 이른바 김대중과 함께 동고동락한 인물이 아니라, 훗날 김대중이 영입한 '새로운 인물'들이다. 이들은 적어도 김대중이라는 정치인의 이념, 사상, 정치적 입장에 공감하여 동참했기 때문이다.

임종석 역시 김대중의 '젊은 피 수혈론'에 따라 정계에 진출했다. 그는 학생운동을 할 때부터 많은 화제를 불러왔는데, 대표적인 것이 1989년 그가 전국대학생대표자협의회(전대협) 의장으로서 주도한 이른바 '임수경 방북 사건'이다. 당시 한국외국어대학교 4학년에 재학 중이던 임수경이 평양 세계청년학생축전에 전대협 대표로 밀입북해 46일 뒤 판문점을 통해 귀국한 사건으로, 그 시절 학생운동은 물론 진보 세력 전체로 보아도 상상하기 힘든 일을 주도한 것이다. 이 사건에 대하여 누군가는 이른바 학생운동을 친북 세력과 동일시하게 만든 잘못된 사건이라고도 하고, 또 누군가는 남한 사회 전체를 억누르고 있던 대북 콤플렉스를 일거에 몰아낸 주요한 사건이라고도 할 것이다. 그러나 모두가 인정하는 것은, 이 사건으로 인해 북한을 언급하는 것 자체를 금기시하던 사회적 공포심이 흩어지기 시작했다는 점일 것이다.

여하튼 우리 사회의 북한 콤플렉스를 고려한다면 임종석이 제도권 정계에서 탄탄한 자리를 확보하기란 쉽지 않았을 것이다. 그런데도 임종석은 무난하게 정계에서 입지를 구축할 수 있었다. 그 까닭이 무엇일까?

간단하다. 임종석 본인이 실제로 과격하건 친북적이건 하는 것은 우리 관심사가 아니다. 우리는 임종석이라는 공인

(公人)이 어떤 모습으로 시민들에게 수용되느냐 하는 점에 주목한다. 그는 진보 세력 출신 정치인치고는 드물게 온화한 말투와 표정, 태도를 보인다. 그러면서도 전체적인 분위기는 당당하고 의지가 굳어 보인다. 이러한 요소를 바로 '카리스마'라고 하는 것이다.

임종석은 다양한 국정 경험도 갖추고 있다. 대통령 비서실장은 국정 전반을 관장한 것과 다르지 않은 경험이다. 또한 통일과 외교 부문에서도 일정한 경험을 쌓아왔다. 이 분야에서 해결해야 할 과제가 많은 대한민국으로서는 결코 가볍게 볼 수 없는 경험이자 자질이다. 더욱이 진보 세력의 영원한 염원인 중립 외교, 즉 광해군(재위 1608~1623) 이래 추구해왔으나[52] 단 한 번도 성공한 적 없는, 태평양 세력과 대륙 세력 사이에서 눈치를 보는 것이 아니라 우리 민족이 주도하는 외교를 펼칠 수 있는 가능성이 그에게 잠재해 있다고 하면 무리일까.

사실 아무리 뛰어난 능력을 갖추었다고 해도 대한민국에서 미국의 영향력을 객관적으로 평가하면서 중립 외교를 펼칠 수 있는 지도자는 흔치 않다. 그런 면에서 임종석은 진보 세력의 기대주 가운데 한 사람으로 꼽기에 부족하지 않다.

표창원

출생연도	1966년
출신지	경상북도 포항
이념	진보
연고 정당	더불어민주당
주요 경력	국회의원(초선)

표창원이 등장해서 도무지 이해하기 어려운 분들이 많으실 것이다. 아마도 이런 것일 게다.

"표창원? 도대체 그가 뭔데? 국회의원 한 번 한 경찰 출신 아니야?"

"그가 무슨 경력과 능력이 있다는 거야?"

"다 좋은데, 우리나라 대통령 후보는 왜 모두 영남 출신인 거야? 보수야 그렇다 쳐도, 진보조차 다 영남 출신이어야 하는 거야?"

맞다. 이런 지적 가운데 틀린 것은 하나도 없다. 그렇다면 반대로 묻는다.

"현재 180명 가까운 민주당 국회의원 가운데 차기 대통령 후보로 꼽을 만한 인물이 있습니까? 지금 당장 떠오르는 사람이 누구입니까?"

단언컨대 없다. 새로 국회의원이 된 이재명을 제외하고는 말이다.

2022년 대선의 민주당 경선에서도 이낙연 후보를 국회의원 출신이라서 주목한 사람은 한 명도 없을 것이다. 그는 국무총리 출신 또는 전남지사 출신 후보였다. 정세균 역시 국회의원보다는 국무총리로서의 경력이 작동했다. 국회의원으로서 최종 경선에 나아간 이는 박용진 한 사람이었다.

박용진이 현직 국회의원으로서 유일하게 최종 경선에 나가게 된 것은 그의 탁월한, 혁명적 입법 활동 덕분이었다. 이른바 '유치원 3법'이라고 불리는 '유아교육법, 사립학교법, 학교급식법에 대한 개정법률안' 말이다. 이 법을 발의하고 통과시키는 과정에서 보수적인 유치원 원장들이 그를 공적(公敵)으로 규정할 만큼 어려움을 겪었다. 사실 대한민국 유치원은 지역 토호들이 장악하고 있다고 해도 지나치지 않다. 그래서 이들에게 거스르는 행동을 하는 것은 지역 기득권 정치를 포기하는 것과 다름없을 만큼 위험한 것으로 인식돼 온 것이 사실이다. 그러나 그는 포기하지 않았다. 처음 출발은 다윗과 골리앗의 싸움처럼 보였지만, 세상의 변화를 꿈꾸는 이들이 그에게 전폭적인 지지를 보낸 결과 그가 승리했다. 아니, 그가 승리한 것이 아니라 사회의 상식이 승리한 것이다. 그 상식이 법적 결과로 나타났을 뿐.

이 사실만 보더라도 진보 세력 출신 정치인이 대권 도전의 꿈을 꾸려면 오랜 관습, 기성 정치판, 보수 언론, 사회 각 분야의 토호 세력과 결별할 각오를 해야만 한다. 그렇지 않으면 그는 안전한 국회의원 자리는 보장받을지 모르지만 이른바 대권을 꿈꾸는 일은 절대 안 된다.

박용진 역시 고작 재선 국회의원일 뿐이다. 게다가 그는 본래 민주당이 아니라 민주노동당에서 활동을 시작한 인물이다. 당연히 그는 민주당 내에서 그럴듯한 직책도 맡은 적이 없다. 그런데도 시민들은 젊은 국회의원 가운데 그에게 주목한 것이다. 박용진 외에 시민들이 주목한 젊은 국회의원으로는 박주민 정도가 있을 뿐이다.

그렇다면 우리는 왜 박용진과 박주민을 대통령 후보로 거론하지 않는가? 이에 대해서는 우리가 대통령이라는 직위에 어울리는 인물 또는 시민의 선택을 받을 만한 인물을 상정하며 품고 있는 편견을 털어놓을 수밖에 없다.

대통령 후보가 되기 위해서는 능력이나 경력 등을 넘어 '시민의 선택'이라는 가장 곤란한 문턱을 넘어야 한다. 그렇다면 시민들은 어떤 사람을 선택할까?

선택지 가운데 가장 핵심을 우리는 '카리스마'라고 부른다. 카리스마를 《표준국어대사전》에서는 "① 예언이나 기적을 나타낼 수 있는 초능력이나 절대적인 권위. 신의 은총을 뜻하는 그리스어 'Khárisma'에서 유래하였다. ② 일반 대중을 심복시켜 따르게 하는 능력이나 자질. 독일의 사회학자 베버가 지배의 세 가지 유형으로 합리적 지배, 전통적 지배와 함께 카리스마적 지배를 든 이후로 일반화하였다"라고 설명한다. 이를 통합하면 카리스마는 '일반 대중을 마음, 즉 감성으로 따르게 하는 특별한 권위나 비과학적 능력'이라고 할 수 있다.

결국 카리스마는 합리성이나 이성과는 다른, 감정적인 영역이다. 따라서 카리스마를 갖춘 사람을 선택하는 이들이 옳다거나, 카리스마가 부족한 사람은 자질이 없다고 판단하는 것이야말로 잘못된 것이다. 그러나 현실이 그렇다. 카리스마의 정체가 도대체 무엇이냐고 묻는다면 답하기 어렵지만, 히틀러·박정희·박근혜·트럼프 같은 이들은 모두 카리스마를 갖추고 있다. 윤석열 역시 카리스마를 갖추고 있다.

윤석열 대통령이 품고 있는 카리스마가 무엇인지는 어렴풋이나마 추측해볼 수 있다. '진보 세력에 대해 품고 있는 보수 세력의 막연한 거부감을 현시화하고 비아냥대는 부정적 감정 배설.'

카리스마는 초능력, 절대적인 권위·능력·자질이지 긍정감이 아니다. 부정적이거나 폭력적인 카리스마도 가능하다. 아니, 오히려 카리스마는 감정적인 영역이기에 긍정적인 것보다는 부정적이고 냉소적이며 폭력적일 때 더 설득력이 있다고 할 수도 있다.

여하튼 박용진과 박주민에게 보수의 낡은 틀을 깨부수는 통쾌한 감정을 기대하는 이들이 과연 얼마나 될까? 진보 세력을 지지하는 시민들이 바라는 지도자의 카리스마는 바로 그런 파괴력인데. 그래서 아직 박용진과 박주민은 진보적 카리스마를 갖추지 못했다고 할 수 있다.

반면에 표창원은 그러한 카리스마를 갖추고 있다. 당연히 긍정적인 카리스마.

진보 세력을 지지하는 시민들 가슴속에 고작 초선, 그것도 국회의원 한 번 하고 정치권에서 물러난 전직 국회의원, 게다가 경력이라야 검사도 아니고 판사도 아닌 경찰 출신 표창원이 6선 관록의 정세균보다 더 크게 각인되어 있다면 믿을 사람이 있을까? 그러나 여러분 각자가 생각해보라. 과연 누가 더 깊게 각인되어 있는가!

과학적 개념 가운데 '사고실험'(thought experiment)이라는 것이 있다. '머릿속에서 생각으로 진행하는 실험으로, 실험에 필요한 장치와 조건을 단순하게 가정한 후 이론을 바탕으로 일어날 현상을 예측'하는 것이다. 이를 제21대 대선에 대입해 머릿속에 떠올려보자.

한동훈, 이준석, 장제원, 나경원, 오세훈, 김은혜, 김진태, 원희룡. 이런 쟁쟁한(?) 인물들에 맞서 불꽃을 튀길 인물이 진보 세력 내에 누가 있는가? 텔레비전 토론을 사고실험 해보라. 이준석과 날카로운 검을 맞부딪치는 모습을 상상해보라. 현재 민주당 국회의원 가운데 과연 누가 가능할까.

표창원은 이들과 대적해도 밀리지 않을, 아니 당당히 제압할 인물이다. 그는 전투력과 논리력, 그리고 상대가 어떻게 나올지 예측하는 추리력 또한 뛰어나다. 그래서 그는 더 이상 텔레비전 예능 프로그램 수준에 머물면 안 된다. 강력한 참모 집단을 구성해 그의 전투기적 카리스마에 폭격기의 잠재력, 정찰기의 정교함, 수송기의 콘텐츠, 마지막으로 우주선의 미래 능력까지 갖추도록 준비해야 한다.

손석희 외

출생연도	1956년
출신지	서울
이념	중도
연고 정당	없음
주요 경력	시사 프로그램 진행자 JTBC 사장

대선에 출마하면 당선 확률이 가장 높은 인물이지만 출마 확률은 가장 낮은 인물이 손석희일 것이다(또한 이 책에서 언급한 인물 가운데 가장 나이가 많지만 가장 젊은 느낌을 주는 인물이기

도 하다). 그래서 "이제 당신이 시민 앞에 무릎을 꿇을 시간입니다"라는 말 외에는, 더 이상 할 말이 없다. 진심이고, 절실하다. 피해서는 안 된다. 나서야 한다. 나서서 가루가 되어도 괜찮다. 그렇다면 더욱 역사가 기억할 테니까.

이 책에서 언급하지 않은 인물이라고 해서 모두 능력과 경륜이 떨어진다는 말은 아니다. 이미 많은 인물은 특별히 여기서 다루지 않더라도 시민들이 잠재적 대통령 후보군으로 여기기 때문이다.

사실 우리 글쓴이 모두는 이 정도 인물들을 언급하며 끝을 맺는 것이 무척 아쉬웠다. 특히 여성 후보가 한 명도 없다는 데 모두가 불만을 표했고, 자성했다. 그러나 결국 단 한 명도 선정할 수 없었다.

탁월한 인물 심상정은 더 이상 대안이 될 수 없음을 본인 스스로도 잘 알고 있을 것이다. 추미애는 그 가운데 가장 후보군에 근접한 인물이다. 그러나 기성 정치인의 인상이 워낙 강해 일단 배제하기로 결정했다. 그렇게 논의를 거듭하다가 강금실, 한명숙, 박영선 등에까지 이르렀다. 그러나 이들 모두에게서는 미래보다는 과거라는 단어가 더 다가오고, 카리스마 역시 부족하다는 데 공감을 표했다.

반면에 보수 세력 내에서는 어떤 이름들을 언급하는 것조차 시민들을 불쾌하게 만들 정도라는 데 합의했다. 우리 사회, 특히 보수적인 집단이 여성을 어떻게 대하는지 알 수 있는 사례라고 하겠다.

말하기 좋아하는 자본주의 언론과 조사기관들은 끊임없이 차기 대권 선호도 조사를 실시할 것이다. 윤석열 대통령의 취임식 선서문 잉크가 마르기도 전에 말이다. 그러나 이 모든 여론은 한낱 여름날 아지랑이와 같은 것이다. 비 한번 쏟아지고 나면 흔적도 없이 사라지는.

물론 흔적도 없이 사라지기 때문에 보잘것없다는 게 아니다. 무시하겠다는 것도 아니다. 다만, 다시 그런 여론의 지지만을 가지고 준비 안 된 이가 대통령에 당선된다면 그 피해는 고스란히 시민과 나라 몫으로 남을 것이기에, 그런 사태를 방지해야 한다는 것이다.

에필로그

우리는 윤석열 정부가 성공하기를 진심으로 바란다. 민주주의 체제가 아무리 이러저러한 문제점을 안고 있다고 해도 그보다 나은 제도를 찾지 못한 상태라면, 선출된 지도자가 잘해야 나라와 시민 모두 평안하게 살아갈 테니 말이다. 윤석열 정부가 출범한 지 몇 달도 채 안 된 상황에서 이미 여러 문제가 드러나고 있음에도, 우리는 여전히, 앞으로 잘해나갈 거라고 애써 위안을 삼고자 한다.

그렇다고 늘 이런 위안을 벗 삼으며 살아갈 수는 없는 노릇이다. 그러하기에 우리가 안고 있는 제도적 문제가 있다면 더 나은 제도를 만들기 위해 애쓰고, 사람의 문제가 있다면 더 나은 사람을 찾기 위해 애쓰는 것이 오늘날 시민의 의무이자 권리라고 믿는다.

2022년 제20대 대선은 21세기에 접어들어 우리가 맞이한 가장 중요한 선거였다.

2008년 닥친 세계적 금융위기의 후유증을 극복하기 위해 전 세계 정부가 택한 정책은 너무나 쉬운 방식이었는데, 바로 화폐의 양적 팽창을 통한 경제위기 극복이었다. 화폐의 양적 팽창, 다시 말하면 종이에 마구 돈을 찍어서 푸는 방식은 환자에게 스테로이드를 주사하는 것처럼 일시적으로는 놀라운 효과를 가져온다. 그러나 그런 방식으로는 환자의 질병을 고칠 수 없다. 경제 역시 장기적으로 호전될 수 없다.

그리고 그 후유증은 2020년대에 접어들면서 가시화하고 있다. 당연히 물가는 오르고, 그에 따라 수요는 위축될 것이다. 오르는 물가를 통제하기 위해 금리 인상이 뒤따를 것이고, 그 결과 세계 경제를 떠받치던 부동산 가격은 낙폭을 키울 것이다. 또 금리 인상의 여파가 주식 시장에도 영향을 미치는 것은 경제학과에 갓 입학한 신입생도 아는 사실이다.

이러한 경제적 시련을 극복하는 것은 쉽지 않다. 전 세계 경제가 거미줄처럼 얽혀 있는 시대이기 때문이다. 그러니 우리나라만 독립적으로 탁월한 정책을 펼치기도 어려울 뿐 아니라, 그렇게 한다고 해도 성과를 거두기 어려울 것이다. 반면에 다른 나라에 비해 더 좋지 않은 정책을 펼치면 다른 나라가 짊어질 부담까지 져야 할 수도 있다. 그래서 이 시기가 매우 중요한 것이다.

 이 책을 마무리하는 시점에 나온 뉴스에 따르면, 윤석열 정부는 법인세 인하와 종부세 인하를 추진하겠다고 발표했다. 일반적으로 세금을 인하하는 목적은 세금으로 낼 돈을 투자로 돌리기 위해서다. 그런데 법인세는 상대적으로 규모가 큰 기업이 내는 세금이고, 종부세는 상대적으로 자산이 많은 개인이 내는 세금이다. 결국 부유층의 세금을 인하한다는 말인데, 이는 당연히 투자로 이어질 때에만 의미가 있다. 만일 그 세금 인하가 투자로 이어지지 않는다면, 안 그래도 경기 후퇴로 인해 감소할 세수(稅收)를 어떻게 보충할지 의문이다. 종부세 인하분이 건설적인 분야의 투자로 이어질 가능성은 제로에 가깝고,[53] 대한민국 법인들이 수익을 투자하는 대신 사내 유보로 전환하는 움직임은 최근 이미 널리 알려진 터라 더더욱 안타깝다.

> 윤석열 정부가 경제정책 방향을 발표하면서 법인세 최고세율을 25%에서 22%로 인하할 방침을 밝힌 가운데 재정학 분야의 국내 권위자인 이준구 서울대 경제학부 명예교수가 이를 뒷받침하기 위해 나온 '법인세 인하를 통해 투자가 늘고 물가가 안정된다'는 주장을 정면으로 비판하고 나섰다.
>
> 이 교수는 16일 자신의 개인 홈페이지에 공유한 글에서 "윤

석열 정부 경제정책은 지금까지 나온 정보를 종합해본다면 대체로 신자유주의 정책의 아류라고 말할 수 있다"면서, "감세 정책이 마치 만능의 약인 것처럼 선전하고 있다"고 비판했다.

우선 이 교수는 ① 법인세율 인하로 투자가 늘어날 것이라는 주장에 근거가 없다고 지적했다. "법인세율 인하가 투자의 획기적 증가를 가져올 것이라는 연구 결과는 거의 찾아볼 수 없다"는 것이다.

그는 "시카고대학의 오스탠 굴스비 교수는 법인세 상의 투자 유인 제공이 투자 촉진 효과는 별로 내지 못하면서 (세수 감소 같은) 비용이 많이 드는 비효율적 정책이라는 결론을 내고 있다"면서, 그 이유로 "기업의 투자 행위에는 조세 이외의 다른 요인들이 상대적으로 더 많은 영향을 주고 있기 때문"이라고 설명했다.

이어 이 교수는 ② 감세론자의 주장 중 더욱 황당한 것은 법인세율 인하가 인플레이션 억제에도 어느 정도 효과가 있을 거라는 것이라면서 "법인세율을 낮춰주면 기업 비용이 절감되어 생산과 공급이 늘어나 물가가 안정될 것이라고 주장한 것이 그 예"라고 지적했다.

이 교수는 이런 주장은 "경제학의 기본을 모르는 사람만 할 수 있는 주장"이라고 지적했다. 법인세는 수입에서 비용이 빠진 후 나타나는 이윤에 부과하는 것이기 때문에 기업의 비용과 무관하고, 기업의 가장 효율적인 생산량 수준은 법인세와 상관없이 동일하기 때문이라는 게 그의 설명이다.

그는 "이윤 극대화를 추구하는 기업이 선택하는 상품 생산량은 법인세가 부과되든 부과되지 않든, 또 법인세율이 높든 낮든 간에 언제나 일정한 수준에서 변화하지 않는다"면서, "법인세율을 낮추면 생산량이 늘어날 것이라는 예측은 아무런 이론적 근거를 갖지 못하는 희망사항일 뿐"이라고 밝혔다.

이 교수는 "우리 사회에 아무 근거 없는 주장이 판을 치고, 소위 경제 전문가라고 하는 사람들조차 그런 주장들을 서슴지 않고 하는 것을 볼 수 있다"면서, "만약 정책이 이런 허황된 주장에 흔들린다면 그 귀결은 구태여 말할 필요조차 없을 것"이라고 주장했다.[54]

세계 경제가 향후 수년에 걸쳐 악화 일로를 걸을 것이라는 데 대해서는 세계 각국 전문가들과 언론이 동의하는 바다.

그런데 대한민국에서 경제보다 더 중요한 요소는 외교 문제가 될 가능성이 높다. 이른바 미국과 중국 사이 갈등이 향후 고조될 것이라는 데 대해서도 세계의 전문가 대부분이 동의하는 바다. 그 갈등은 꽤 오래갈 듯한데, 대한민국은 세계 어느 지역과 비교하더라도 두 나라 사이 갈등이 임계점에 오를 지점에서 멀지 않다. 과거 사드 배치 문제가 그러했듯 동아시아, 특히 한반도는 두 나라 갈등의 핵심 지역 가운데 한 곳이다. 게다가 두 나라 사이에 열전이 벌어지면 그 중심이 될 대만과 주변 해역으로부터도 멀지 않다.

동아시아 전체가 두 나라 갈등의 핵심 지역이지만 일본은 선택의 폭이 없다. 그냥 미국 편을 들어야 한다. 숙명적이며 정치·군사적으로 그럴 수밖에 없다. 북한 역시 중국 편을 들 수밖에 없다. 중국이 마음에 들건 아니건 선택지가 없다.

반면에 독립국인지 아닌지 애매모호한 중화민국(대만)[55]은 민족적·언어적·역사적으로는 중국 편을 들어야 하지만 정치적으로 독립을 요구하는 세력은 미국 편, 그렇지 않은 세력은 특별히 의견을 제시하지 않는 듯하다. 사실 대만은 어느 쪽에 서도 별 손해가 없을 것 같다. 미국 편에 서면 독립을 달성할 수 있고, 중국 편에 서면 세계 굴지의 경제적 시장을 확보할 수 있다. 혹시 미국이 힘을 잃으면 중국 편으로 옮겨 타면 되고, 또 중국이 힘을 잃으면 미국 편으로 옮겨 타면 될 것이다.

물론 끝까지 대만이 미국과 손을 잡고 중국의 인내력을 넘어서는 군사적 행위[56]를 지속한다면 누구도 원치 않는 전쟁이 발발할 수도 있다.

미국 외교전문지《포린 어페어스(Foreign Affairs)》는 지난 12월 16일, '워싱턴은 중국과 잘못된 전쟁을 준비하고 있다'(Washington is preparing for the wrong war with China)란 제목의 글을 실었다. 대만해협 갈등으로 촉발되는 미·중 전쟁의 가능성과 전개 양상을 분석·예측한 글이다. '갈등은 길고 지저분할 것'(long and messy)이란 부제가 붙어 있다.

필자는 두 사람이다. 한 사람은 존스홉킨스대학 국제문제연구소(SAIS) '키신저 석좌교수'이자 기업연구소(AEI) 선임연구원인 할 브랜스(Hal Brands)이고, 또 한 사람은 터프츠대학 정치학과 부교수인 마이클 베클리(Michael Beckley)이다.

(…) 두 학자는 이 과정에서 미·중이 전술핵무기 사용의 유혹을 받을 수 있으므로 이에 대비해야 한다고 지적한다. 또 양대 강국이 '아마겟돈'을 피하려면 '승리의 정의(定意)'를 '현상 유지'로 해야 한다고 충고한다. 대만은 공식적인 독립을 추구하지 않을 것을 약속하고, 미국은 대만의 독립을 승인하지 않을 것을 약속하고, 중국은 대만에 대한 공격을 중단하는 것이 가장 간단한 해결 방법이란 것이다. 이는 사실상 차이잉원 정권을 제외한 역대 대만 정부가 추구해왔던 노선이기도 하다. 즉 대만의 현 정부가 독립보다 '현상 유지' 노선만 채택해도 전쟁 가능성은 크게 낮아진다는 얘기다. 아울러 중국이 대만을 침공하더라도 대만 통일 목표를 달성하지

못한 채 관련 당사국의 막대한 피해만 야기하고 전쟁 전 상태로 되돌아올 가능성이 높다는 지적이기도 하다.[57]

위 기사 인용문을 보면 알 수 있듯이 대만을 둘러싼 미·중 갈등은 양쪽이 특별히 도발하지 않는 한 폭발하지 않을 것이다. 그러나 최근 세계 강대국들의 움직임을 보면 모두가 합리적인 선택을 할 것이라고 장담할 수 없는 것도 현실이다.

문제는 대한민국이다. 대한민국은 자칫하면 중국 편에 섰다가 미국의 보복을 당할 수도 있고, 미국 편에 섰다가는 중국의 보복을 당할 수 있다. 이에 대해 누군가는 말할 것이다.

"중국 편에 서면 나라를 잃을 수도 있다. 그뿐인가? 공산화되어서 자유민주주의를 상실하고 북한 같은 나라가 될 수도 있다."

그렇게 믿는 분의 자유다. 그러나 세계 6위의 군사력[58]과 세계 10위권의 경제력을 보유한 나라가 하루아침에 다른 나라 침략을 받아 식민지가 되는 일이 가능한가? 아, 우크라이나 사태가 떠오르는 분이 계실 것이다. 그런 분들이라면 국제적인 전문가들의 분석을 한 번쯤 읽어보기를 권한다. 왜 우크라이나가 전 지구적 비난의 대상인 러시아의 공격을 받았는데 단 한 나라도 우크라이나에 파병하지 않고 있는지.

《뉴욕타임스》는 지난 5월 19일자 사설 '전쟁은 복잡해지는데, 미국은 준비가 돼 있지 않다'를 통해 러시아에 대한 "전면적 승리"는 불가능하며 우크라이나 정부는 전쟁 상황에 대한 "현실적 평가"와 미국의 지원의 "한계"를 감안해 평화협상에 나서야 한다고 밝혔다.

(…) 또한 "바이든 대통령은 젤렌스키 대통령 및 우크라이나 국민들에게 미국과 나토가 러시아와 대결하는 데에는 한계가 있으며, 군사 대결을 위한 무기 및 군사 지원, 그리고 국내정치적 지지 확보에도 한계가 있음을 분명히 밝혀야 한다. 우크라이나 정부는 전쟁 지속의 가능성, 그리고 전쟁 지속에 따른 더 이상의 파괴를 어디까지 감내할 수 있는가에 대한 현실적 평가를 통해 (평화협상 개시 여부에 대한) 결정을 내려야 할 것"이라고 촉구했다.

특히 사설은 "최근 워싱턴에서 나온 호전적 발언들, 예컨대 푸틴을 '더 이상 권좌에 놔두어서는 안 된다'는 바이든 대통령의 발언이나 러시아가 다른 나라를 침공하지 못하도록 반드시 '약화시키겠다'는 오스틴 국방장관의 논평, 미국은 우크라이나가 '승리를 거둘 때까지' 전폭 지원하겠다는 펠로시 하원의장의 다짐 등은 매우 요란한 지지 선언이 될 수 있겠지만, 협상 촉진에는 아무런 도움이 되지 못한다"면서 평화협상 개시의 필요성을 강조했다.

나아가 "지금 이 순간 분쟁은 매우 혼란스러운 상황이며, 아마도 이 때문에 바이든 대통령이나 측근들은 전쟁의 목표를 분명하게 설정하지 못하고 있는 듯하다"면서, "미국과 나토는 이미 군사적·경제적으로 전쟁에 깊이 개입돼 있다. (전쟁 결과에 대한) 비현실적인 기대는 미국과 나토를 이 값비싸고 소모적인 전쟁에 더욱 깊이 빠져들게 만들 것"이라고 경고했다.

《뉴욕타임스》의 이러한 태도 변화는 미국의 강력한 경제제재에도 불구하고 러시아 루블화가 지난 2년래 최고치를 기록하는 등 러시아 경제가 순항하는 한편 러시아군이 우크라이나 동남부의 요충지 마리우폴을 함락시킨 데 이어 돈바스 지역에 대한 공세를 강화하는 등 상황이 불리하게 돌아가고 있다고 판단한 때문으로 풀이된다. 게다가 전쟁 여파로 미국의 실업률과 인플레가 급등하면서 현 상황을 방치할 경우 오는 11월 중간선거에서 민주당의 패배, 나아가 2024년 대선에서 트럼프의 승리 가능성까지 예상되기 때문이다.

한편 헨리 키신저 전 미 국무부장관은 23일(현지시간) 스위스 다보스에서 열린 세계경제포럼 연차총회에서 "우크라이나가 러시아군에 참패를 안기려는 시도는 유럽의 장기적 안정에 재앙적 결과를 초래할 것"이라며, 우크라이나가 러시아를 상대로 완전한 승리를 얻으려 하지 말고 조속히 협상에 나서야 한다는 입장을 밝혔다.

(…) 키신저는 "(지난 2월) 전쟁 발발 직전의 경계를 넘어 옛 영토를(2014년 3월 러시아에 합병된 크림반도 등) 찾으려는 건 러시아 자체에 대한 새로운 전쟁"이라며, "유럽의 지도자들은 세력 균형의 보증인 역할을 해온 러시아와의 장기적 관계를 잊어선 안 된다"고 했다. 그는 이어 "우크라이나가 해야 할 일은 유럽의 국경이 아니라 (러시아와 유럽 사이의) 중립적인 완충국가가 되는 것"이라며, "우크라이나인들이 이미 보여준 영웅적 행동을 지혜와 결합하길 바란다"고 제안했다.

이러한 키신저의 제안은 전쟁 발발 이후 세계의 평화운동 세력과 양식 있는 시민, 지식인들이 줄곧 요구해온 것이다. 우크라이나 주권 수호와 러시아의 안보 우려 해소를 위해서는 우크라이나의 중립국 지위를 보장하는 한편 우크라이나 동남부의 완충지대화가 불가피하며, 애당초 우크라이나 정부가 2015년 2월 체결된 민스크협정을 충실하게 이행했더라면 전쟁 자체가 일어나지 않았을 것이라는 얘기다.[59]

앙겔라 메르켈 전 독일 총리는 7일(현지시간) 자신이 재임하던 중에도 우크라이나에 대한 러시아의 위협이 있었으며 자신이 전쟁을 막기 위해 노력했다고 밝혔다.

《가디언》 등 외신들에 따르면 메르켈 총리는 이날 독일 베

릴리너 앙상블 극장에서 가진 《슈피겔》 기자와의 인터뷰에서, 독일이 지난 2008년 우크라이나의 북대서양조약기구(NATO, 나토) 가입을 반대했던 것이 당시 전쟁을 막는 데 도움이 됐다고 주장했다.

(…) 메르켈 총리는 당시 독일이 우크라이나의 나토 가입 계획을 반대했던 것을 후회하느냐는 질문에 "우크라이나는 우리가 지금 알고 있는 국가가 아니었다. 매우 분열된 국가였고 심지어 개혁 세력인 (율리야) 티모셴코(전 총리), (빅토르) 유셴코(전 대통령)도 매우 대립했다"며, "내적으로 민주주의가 성숙한 국가가 아니었단 의미다. 당시 우크라이나는 과두 정치인들이 지배하고 있었다"고 답했다.

푸틴 대통령의 관점에서 보면 "그것은 선전포고였다"고 했다. 메르켈 총리는 푸틴 대통령의 시각에 동의하진 않았지만 "그가 어떻게 생각하는지 알고 있었다. 더 이상 도발하고 싶지 않았다"고 말했다.

이어 우크라이나의 나토 가입을 받아들이지 않은 것은 우크라이나의 최대 이익을 고려한 결정이었다고 강조했다. 그는 "나토 가입은 하루아침에 되는 것이 아니다. 그것은 하나의 과정이고, 이 절차를 밟는 동안 푸틴 대통령이 우크라이나에 좋지 않은 일을 했을 것이란 걸 알고 있었다"고 설명했다.

미국은 지난 2008년 우크라이나와 조지아의 나토 가입을 추진했지만 독일 등의 반대에 부딪혀 성사되지 않았다. 당시 나토 정상회의에선 우크라이나 가입 승인을 '약속'하는 선언문을 냈지만 구체적인 시기와 방법을 제시하지 않았고, 지금까지 그 상태가 이어졌다. 푸틴 대통령은 우크라이나의 나토 가입은 서방 군사력을 러시아 대문 앞까지 허용하는 것과 같아 극렬하게 반대해왔다.

메르켈 총리는 이번 전쟁을 반대한다고 분명한 어조로 말했다. 하지만 동시에 서방 세계가 이를 막을 안보 논리를 만들지 못한 것도 지적했다.

그는 "나는 푸틴 대통령의 의견에 동의하지 않는다"면서도, "우리가 이것(우크라이나 전쟁)을 막을 수 있는 안보 논리를 만들지 못한 것에 대해서도 생각해야 한다"고 강조했다.[60]

침략한 러시아는 지구상에서 사라져야 할 나쁜 늑대이고 우크라이나는 불쌍하고 착한 양이라며, '양을 돕기 위해 월 1만 원을 보내달라'고 세계 언론은 하루가 멀다 하고 외쳤다. 그러나 전쟁이 길어지자 모두 어떻게 발을 뺄 것인가 고민하기 시작했다. 따라서 우크라이나 전쟁이나 동아시아 위기에서 우리가 배울 점은 단 하나다.

"무슨 수를 써서라도 전쟁이 일어날 가능성을 없앨 것."

전쟁이 일어난 후 이기는 것이 무슨 의미가 있는가. 그것이 두 정상 간 러시안룰렛 게임이 아닌 이상.

대한민국 시민 가운데 적어도 상식을 갖춘 이들이라면, 한반도에서 벌어진 전쟁에서 승리를 거둘 대통령보다는, 어느 정도 양보해도 좋으니 전쟁이 일어나지 않도록 사전 조치를 취할 대통령을 선택할 것이다. 물론 군복 차림으로 광화문 네거리를 활보하는 용감무쌍하면서도 애국심에 불타는 시민들은 "멸공 아니면 죽음을 달라!"고 외치겠지만.

지금 동아시아, 나아가 세계는 미국과 중국, 그리고 두 나라 사이의 갈등을 틈타 자신들의 요구를 관철하려는 세력까지 덧붙어 일촉즉발의 위기를 맞고 있다. 이러한 경제적·외교적 위기 국면이기에 한반도 남쪽에 위치한 세계 유일의 분단국가 대한민국 대통령은 영화 즐기고 빵집 찾아다닐 여유를 갖기 힘들 것이다. 대한민국 대통령이 되고자 하는 이라면 자신의 영웅심이나 욕망에 따라 행동하기보다는 나라의 미래를 위해, 5년 동안 토포악발(吐哺握發)[61]의 자세로 희생할 각오를 해야 한다. 그만큼 대한민국 대통령은 영광의 자리가 아니라 고통의 자리라는 말이다.

그런데도 대한민국 대통령이 그렇게 합리적으로, 민주적으로 결정되는 것 같지는 않다. 2022년 제20대 대선에서 불가사의한 일이 갑자기 현실화했기에 향후 더 놀라운 일이 벌어질지도 모른다는 우려가, 우리 글쓴이들로 하여금 이 부족하기 그지없는 책을 쓰도록 추동했다.

'인종주의자'로 악명 높은 르펜에게 인종차별의 주 대상이던 해외령 주민들의 표가 갔다는 것은 놀라운 일이다. 가장 취약한 상황에 처한 사람들이 극좌에서 극우로 넘어가는 의식 전환의 순간을 보여준다.

이런 특징은 한국의 대선 결과에서도 비슷하게 드러난다. 저소득층이 난민, 외국인, 젠더, 경제정책 등에서 극우화 성향을 보이는 후보에게 압도적으로 표를 몰아준 것은, 어쩌면 국제정치의 흐름에 부응하는 셈이다. 프랑스에서처럼 유력한 극좌와 극우 후보가 있는 것은 아니지만, 소외계층이 우경화하는 현상은 기존 좌파 정당이나 진보 정당, 중도 정당에 시사하는 바가 크다.

다국적 기업들을 대변하는 법무법인 김앤장에서 수억 원의 성과급을 받은 이가 총리가 되고, 투기와 탈세와 찬스의 귀재들이 장관들로 채워지는 차기 정권의 면모를 보면서, 이 정권을 탄생시킨 소외계층의 뒤늦은 탄식을 느껴본다. 집권 당 국민의힘이 극우화하는 것은 '배제'의 가치를 담은 신자유주의의 필연적 귀결이라 할 수 있지만, 민주당과 정의당의 우경화는 소외계층의 기댈 곳이 부재함을 의미한다.

소외계층과 저소득층이 더 이상 배반의 선택을 하지 않게 하려면 가장 필요한 것은 무엇일까? 아무래도 민주당과 정의당의 제자리 찾기 노력일 것이다. 지금은 중도와 보수 사이의 준(準)극우 정권을 맞고 있지만, 5년 후에 어쩌면 한국판 '르펜' 정권을 맞게 될지 모를 일이다. 반(反)통일적이고, 반젠더적이며, 반사회통합적인 젊은 유력 정치인들에게서 극우의 데자뷔가 보인다. 이 씁쓸한 우려는, 나만의 기우일까?[62]

이 책의 끝은 이처럼 용두사미로 맺는다.

우리는 용의 머리를 찾을 뿐 그 용이 어떤 힘으로 난관을 뚫고 나아갈 수 있는지는 답을 찾지 못했다. 다만 어느 용이건 만난(萬難)을 무릅쓰고 미래로 나아가고자 한다면 그 등에 올라타 힘을 더할 의지는 있다는 말을 덧붙인다.

불가사의한 사건

1 《르몽드 디플로마티크》 2022년 4월호, "불가사의한 일의 해법은 상식"(성일권).

2 국립국어원의 《표준국어대사전》에 따르면 '불가사의(不可思議)'를 "사람의 생각으로는 미루어 헤아릴 수 없이 이상하고 야릇함"이라고 설명하고 있다.

3 21세기 들어 10년 가까이 총리를 지내며 일본 정치의 극우화를 이끈 아베 신조의 외할아버지 기시 노부스케가 바로 그다. 기시 노부스케는 제56대, 제57대 총리를 지내고 자신의 후손을 일본 정치의 핵심으로 만든 후 1987년 사망했다. 이 책 출간을 준비하던 중 기시 노부스케의 외손자 아베 신조가 한 일본인에 의해 살해당했다는 소식이 들려왔다. 그는 8년이 넘는 기간 총리를 지내 일본 역사상 최장수 총리가 되었으니, 그의 집안이 일본 정치 명문가인 것은 분명하다.

4 오에 겐자부로, 《말의 정의》, 송태욱 옮김, 뮤진트리, 2018, 204쪽.

5 일본국 헌법 제9조【전쟁 포기, 전력 및 교전권 부인】
① 일본 국민은 정의와 질서를 기조로 하는 국제 평화를 성실히 바라고 추구하며, 국제 분쟁을 해결하는 수단으로서 국권이 발동되는 전쟁과 무력에 의한 위협 또는 무력 행사를 영구히 포기한다.
② 전항의 목적을 달성하기 위하여 육·해·공군, 그 밖의 전력을 보유하지

않는다. 국가 교전권은 인정하지 않는다.

6 본래 류큐국으로 일본과는 다른 독립국이었던 오키나와는 제2차 세계대전 동안에는 일본군의 전초기지로 미군에 대항해 싸우다가 학살과 자결을 강요받았고, 그 후에는 미군 주둔지로 온갖 고초를 겪었다. 1972년 미국이 일본에 반환해 오늘날에는 일본 오키나와현이다.

7 조선만 해도 왕세자 시절에는 서연(書筵), 왕이 된 후에는 경연(經筵)을 통해 끊임없이 지도자 교육을 시행했다. 그 외에도 시강원(侍講院)을 설치해 왕세자 교육에 철저를 기했다.

8 사실 우리 사회에서 '민주적'이라는 표현은 특정한 정치적 개념을 일컫는 객관적인 용어가 아니다. 오히려 긍정적인 맥락으로만 쓰이는 지극히 주관적인 용어라고 보아도 무방하다. 마찬가지로 '포퓰리즘'이라는 표현은 이와 반대로 절대 긍정적으로 쓰이지 않는다. 아직 《표준국어대사전》에도 등재되지 못한 '포퓰리즘 정치'라는 어휘는 잠정적으로 '일반 대중의 인기를 얻기 위한 정치 체제. 정치적 권력을 획득하거나 집권 세력의 권력을 지속하기 위하여 이용된다'라고 정의하고 있다. 그러나 이른바 형식적 민주주의 체제 내에서 일반 대중의 인기를 얻지 못하고 어떻게 정치적 권력을 획득할 수 있단 말인가. 따라서 '국민이 권력을 가지고 그 권력을 스스로 행사하는 제도. 또는 그런 정치를 지향하는 사상. 기본적 인권, 자유권, 평등권, 다수결의 원리, 법치주의 따위를 그 기본 원리로 한다'라는 뜻의 '민주주의'와 '포퓰리즘'을 사전적으로 구분할 수 있는 논리 또한 명확하지 않다. 이 책 본문에서 '민주적'이라는 표현을 사용한 것은 협의의 민주적 형식을 가리킬 뿐 긍정적 가치를 가리키지 않는다는 말을 부연한다.

9 2002년 4월 6일, 제16대 대통령선거 민주당 인천 경선에서 노무현 후보가 행한 연설 가운데 일부. 노무현 후보의 장인이 좌익 활동을 했다는 사실을 트집 잡아 상대방 후보가 공격을 가하자 이에 대응하는 과정에서 나온 발언이다. 우리나라 역사상 처음으로 자신을 향한 사생활 관련 공격을 피하거나 변명하지 않고 정면으로 맞받아친 사례일 것이다.

10 언론의 '황색저널리즘'화는 언론을 돈벌이 수단으로 여기는 풍조와 더불어 클릭 수로 언론사의 선호도가 갈리는 모바일 세상의 어두운 면 탓이기도 하다. 그러나 언론인으로서의 사명을 잊은 언론의 책임이 가장 큰 것은 두말할 나위도 없다.

11 윤석열 대통령에 대한 지지율은 이 책의 편집이 끝나갈 무렵 역대급으로 하락했고, 이는 본문에서 지적한 대선의 문제와 결과를 드러내는 필연이라고 할 것이다.

12 선거에서 부정적 요소를 활용하는 대표적인 것이 흑색선전(마타도어)인데, 근거 없는 사실을 조작해 상대를 중상모략하거나 유권자를 현혹하는 행위다. 대한민국 선거에서 가장 널리 사용하는 흑색선전은 지역감정 조장, 북한과의 연계 등이다.

13 《동아일보》 1950년 5월 18일자. 김흥식, 《나라의 아버지, 대통령, 각하, 이승만》, 도서출판 그림씨, 2020, 66쪽에서 재인용.

14 《동아일보》 1971년 4월 30일자.

15 19세기 초에 발생한 홍경래의 난은 지역 차별에 맞서 자연스럽게 해당 지역인들이 봉기한 사건이다. 반면에 1971년에 형성된 지역감정은 권력층이 소외 지역을 의도적이고 명시적으로 배제했다는 측면에서 그 성격이 전혀 다르다. 한마디로 홍경래의 난이 혁명이라면, 1971년의 지역감정은 친위쿠데타라고 할 수 있다.

16 《세계일보》 2022년 3월 12일자.

대한민국 진보는 왜 이기고, 왜 지는가?

17 미국 중앙정보국이 아르헨티나, 칠레 등 남미 독재정권을 지원해 진보 세력을 탄압한 '콘도르 작전'과, 니카라과의 사회주의 정권을 전복시키기 위해 레이건 행정부가 저지른 불법적인 '이란-콘트라 게이트'는 그 가

운데서도 대표적인 사례다.

18 《한겨레》 2016년 9월 8일자. 고명섭, 《이희호 평전》, 한겨레출판, 2016에서 재인용.

19 이 무렵 김영삼은 야당의 투사로 각인되어 있었고, 그가 노태우가 이끄는 보수 세력 아래로 들어갈 것이라고 예상한 사람은 아무도 없었다.

20 보수 세력과 진보 세력이 겨루는 대선은 앞으로도 특별한 경우가 아니라면 이보다 더 큰 차이는 나지 않을 것이다.

21 여촌야도(與村野都)는 '여당은 농촌, 야당은 도시'라는, 이승만-박정희-전두환으로 이어지는 대한민국 선거 역사를 압축해서 표현한 것이다.

22 미국 대통령선거 역시 우리나라와 비슷해 동부 대서양 연안 주와 서부 태평양 연안 주는 이변이 없는 한 수십 년 동안 진보 세력을 선택하고, 중부 농촌 주들은 보수 세력을 선택한다. 그 과정에서 몇몇 주는 선거 때마다 진보 또는 보수를 선택하는 유동적인 결과를 보여주는데, 그러한 주를 '결과가 이리 왔다 저리 갔다 한다'고 해서 'swing state'(경합주)라고 부른다. 대표적인 경합주로는 오하이오주, 플로리다주 등을 들 수 있다.

23 《조선일보》 2022년 4월 4일자(손덕호). 2022년 대선에서 윤석열 후보가 호남에서 두 자릿수 득표율을 올리고, 그 전까지 가장 낮은 득표율을 보였던 광주에서 전남보다 높은 득표율을 거둘 수 있었던 데에는 '복합쇼핑몰'이라는 관심사가 일정 정도 영향을 미친 것이라고 보아도 무리가 없을 것이다.

24 '부르주아'라는 단어는 '중세 유럽 도시에서, 성직자와 귀족에 대하여 제 3계급을 형성한 중산 계급의 시민'을 가리키는 것이었다. 그러나 오늘날에는 일정 수준 이상의 자산을 형성한 계급을 가리킨다. 그렇다고 해도 재벌을 부르주아라고 하는 경우는 드물다. 대한민국 현실을 대비해본다면 중상류 계층에서 상류층까지를 가리킨다고 보면 크게 어긋나지 않을 것이다. 물론 최상류층은 제외하고.

25 《르몽드 디플로마티크》 2022년 4월호, "불가사의한 일의 해법은 상

식"(성일권).

26 종부세 과세 대상의 규모에 대해서는 자신의 당파적 이익을 내세우는 정
    파 또는 시민들의 반감에 대한 정부의 대처 방법 등에 따라 2% 내외부터
    10% 내외에 이를 만큼 주장이 다양한데, 2021년도에 약 80만 가구가 종
    부세 대상임을 고려하면 1가구 3인으로 계상하더라도 250만 명 정도다.
    따라서 전 국민 가운데 종부세를 납부하는 가구 수는 5% 내외일 것이다.

27 자세한 내용은 https://v.kakao.com/v/20210421070900661 참조.

28 《연합뉴스》 2022년 3월 8일자 '팩트체크'(이용).

29 《여성신문》 2022년 6월 2일자 인터넷판(김민주).

2022년, 민주당은 왜 패했나?

30 사실 수구(守舊)도 이념적인 개념이기에 윤석열 정부에 적절하지는 않
    다. 윤석열 정부는 친일파를 옹호하거나 북한에 대한 선제타격을 주장하
    고 이른바 '위안부' 문제를 피해자 탓으로 돌리는 인사들을 등용하고 있
    으니, 보수는커녕 수구라고 하기에도 어울리지 않는다. 굳이 표현하자면
    독일의 '독일을 위한 대안'(Alternative für Deutschland)과 같은 친파시즘
    정당이라고 부르는 것이 어울릴 것이다. '독일을 위한 대안'은 인종차별,
    반이슬람주의, 반페미니즘, 동성애 반대, 홀로코스트 부정, 좌파 교육 반
    대 등을 부르짖고 있다.

31 '있는지 모르지만'이라고 표현한 것은 프로파간다로서 깃발을 휘날릴 만
    한 그 무엇이 없었다는 뜻이다. 사실 김대중 정부 이래 노무현-문재인으
    로 이어지는 진보 대통령들은 보수 정권과는 비교할 수 없는 민주주의의
    토대를 마련, 형성, 정착시켜왔다. 언론 자유, 부패의 완화, 사회보장 확
    대 등 민주주의라면 당연히 갖추어야 할 요소들은 이들의 집권 아래에서
    형성되었다. 그뿐이 아니다. 정보기관을 이용한 통제는 보수 정권에서는

전가의 보도였다. 그러나 진보 정권은 이러한 것들을 사용하지 않았다. 게다가 대북 문제를 전향적으로 다룸으로써 우리 사회에 만연하던 '빨갱이 콤플렉스'를 거의 소멸시켰다. 하지만 시민들은 이러한 기본적인 민주적 정치에는 별 관심이 없는 듯하다. 깃발을 휘날리면서 떠들썩하게 외칠 수 있는 프로파간다야말로 형식적 민주주의를 신봉하는 시민들을 설득할 수 있기 때문이다. 윤석열 후보가 단 한마디 "여성가족부 폐지"라는 프로파간다로 이른바 '이대남'을 단숨에 사로잡은 것처럼.

32 2008년 미국 월가에서 촉발된 금융위기는 1997년 아시아에 불어닥친 IMF 경제위기와는 궤를 달리한다. 1997년 아시아 경제위기는 우리에게는 매우 충격적이었지만 세계적으로는 찻잔 속의 태풍에 불과했다. 아시아 여러 나라의 달러 부족으로 야기된 몇몇 국가적 차원의 경제위기였기 때문이다. 그러나 2008년 금융위기는 전 지구적 위기였다. 월가의 금융기관들은 전 세계 각국의 금융기관, 나아가 국가 차원의 채권·채무와 깊은 연관을 맺고 있기 때문이다. 결국 2008년 금융위기를 타개하기 위한 미봉책으로 미국 정부는 천문학적 달러화를 찍어 방출함으로써 위기에서 탈출할 수 있었다. 이러한 전술은 당연히 전 세계 국가에 도미노처럼 파급되었다. 2010년대부터 2020년대 초까지, 나아가 코로나 시국과 맞물리면서 각국이 행한 엄청난 화폐 발행이 지구적 자본주의 붕괴의 치료제로 사용되었다. 그러나 풀린 돈은 결국 돌아오기 마련이다. 2010년 이후 약 10년간 전 세계는 부동산 폭등으로 몸살을 앓아야 했는데, 이는 2008년 금융위기 때 살포한 현금이 투자 대신 안전자산인 부동산으로 몰린 탓이다. 2008년 금융위기를 계기로 풀린 거액의 현금을 가리켜 '양적 완화'라고 부르는데, 사실 이러한 기묘한 용어 사용은 세계적인 금융 카르텔을 옹호할 때 자주 이용된다. 한마디로 양적 완화는 종이를 돈으로 만들어, 미국에 위기를 초래한 금융 카르텔에게 건넨 백지수표나 다름없다. 그리고 그렇게 풀린 돈은 급기야 2022년부터 전 세계를 인플레이션 공포로 몰아넣고 있다.

33 멕시코 같은 나라는 예외다. 정부의 부패, 거대 마약상, 재벌 카르텔 등에

대한 탐사보도를 행하는 많은 기자가 살해당하는 것이 현실이니까. 21세기 들어 오늘날까지 살해당한 멕시코 언론인이 150명이 넘는데, 그 가운데 해결된 사건은 손에 꼽을 정도다. 멕시코에서 언론인 살해는 날이 갈수록 횡행하는데, 2022년만 해도 이미 두 자릿수를 넘고 있다. 그러나 멕시코 대통령은 이런 사태에 우려를 표명하는 국제사회에 오히려 위협을 가할 만큼 자신만만하다.

2024년 4월 10일까지 해야 할 일

34 이 내용은 2022년에 존재하는 의회를 구성한 선거 결과다. 따라서 선거 이후 작은 변화(의원직 사퇴에 따른 보궐선거 등)는 있겠지만 큰 틀에서는 차이가 없다. 과반수를 차지한 정당이 없는 나라의 경우 연립정부가 집권하고 있다. 도표에서는 연립정부 구성과는 무관하게 획득 의석 수만을 표기했다.

35 《노컷뉴스》 2022년 4월 26일자, "언제적 이성헌?" 참조.

36 586세대란, 현재 50대로서 1980년대 학번, 1960년대생을 일컫는 것으로, 1980년대에 민주화운동의 중심 세력을 이룬 인사들을 가리킨다.

37 실제로 대한민국 기독교인들은 유럽에 기독교를 전하기 위해 선교를 적극적으로 해야 한다고 외치고 있다. 인터넷에서 '유럽 선교'를 검색해보라.

38 《동아일보》 1950년 3월 26일자.

39 《한국경제신문》 2022년 5월 28일자 인터넷판.

40 《조선일보》 2022년 6월 6일자 인터넷판.

41 네이버 《두산백과》, '여론정치'.

42 대니얼 벨, 《차이나 모델, 중국의 정치 지도자들은 왜 유능한가》, 김기협 옮김, 서해문집, 2017.

43 대한민국 대통령 임기가 5년으로 보장되어 있음에도 '아무리 많이 남아 도'라는 가정법을 쓴 것은, 역사적으로 5년 임기 전에 권좌에서 물러난 사례가 있기 때문이지 특별히 윤석열 정부가 도중에 와해될 것을 가정하는 것이 아니다. 우리는 그런 불행한 사태가 결코 일어나지 않기를 바란다. 그런 사례는 반드시 시민의 고통을 동반하니까.

44 정치의 희화화는 대중문화가 사회를 지배하고 언론이 상업자본주의의 강한 영향력 아래 놓여 있어 연예인이나 운동선수 등이 사회에 과도한 영향력을 끼치는 나라에서 흔히 볼 수 있다. 이는 정치 후진국이냐 아니냐와는 관계없다. 오히려 도널드 트럼프 같은 이가 대통령에 당선되는 미국이야말로 어느 나라보다 정치가 희화화된 나라이기 때문이다. 이 외에도 필리핀에서 권투선수 출신 파퀴아오가 대통령에 출마해 의미 있는 득표율을 올리고 하원·상원의원으로 활동한 사례가 대표적이다(그는 의원으로 활동하면서도 의정활동보다는 권투선수 활동에 집중했다). 우리나라에서도 과거에 많은 탤런트, 가수, 운동선수들이 정치에 입문하기도 했다.

45 대한민국 제14대 대통령 김영삼이 한 말이다. 그의 재임 동안 대한민국은 최악의 외환위기를 맞아 결국 광복 이래 최대의 경제위기인 IMF 구제금융 신청 사태를 야기했다.

46 "음주운전도 언제 한 거며, 여러 가지 상황이라든가 가벌성이라든가 도덕성 같은 걸 다 따져봐야 하지 않겠습니까? 음주운전 자체만 가지고 이야기할 게 아니고…." 윤석열 정부 초대 교육부장관 후보자 박순애가 과거 음주운전 전력이 있다는 질문을 받고 윤석열 대통령이 한 답변이다. 이에 민주당 오영환 대변인이 비판하자 대통령실 측은 "평생 법을 집행

해온 윤 대통령이 음주운전이 문제가 아니라고 생각할 리 없다"면서, "후
보자 본인이 사과하고 있고, 국정과제를 이행할 역량이 있는 만큼 국민
의 이해를 구하는 취지였다"고 해명했다. 《YTN》 2022년 6월 10일자 기
사 참조. 박순애는 결국 윤석열 정부 초대 교육부장관에 올랐다.

47 앞으로도 이러한 태도는 변치 않을 것이다. 대한민국이 통일되거나 통일
에 버금가는 지정학적 안정을 찾거나(한반도에 존재했던 나라 가운데 지정
학적 안정을 찾은 나라가 역사적으로 있었는지 의문이지만), 시민의 정치의식
이 북유럽 수준으로 성숙한 이후라면 모르겠지만.

48 왜 '고졸'이라는 칭호가 늘 노무현을 따라다니는지는 인터넷에서 '고졸
검사와의 대화'를 검색해보면 알 수 있다.

49 '넘사벽'은 '넘을 수 없는 4차원의 벽'이라는 신조어다. 한마디로 불가능
한 일이라는 말이다.

50 "한국의 상대 빈곤율이 경제협력개발기구(OECD) 37개국 중 4위를 기
록했다. 어제 OECD 집계 결과 2018~2019년 기준 한국의 상대적 빈
곤율은 16.7%였다. 이 수치가 우리보다 높은 나라는 코스타리카(20.5%,
1위), 미국(17.8%, 2위), 이스라엘(16.9%, 3위)뿐이었다. 전체 인구 중 기준
중위소득의 50%에 미치지 못하는 인구 비율을 상대적 빈곤율이라 하는
데, 사회 구성원 대부분이 누리는 일정 수준의 생활조차 누리지 못하는
상태다. 우리가 OECD 평균인 11.1%보다 5.6%포인트나 높다는 것은
참으로 안타까운 일이다. 일본(15.7%), 영국(12.4%) 등 주요 선진국과 상
당한 격차가 있고 덴마크(6.1%), 아이슬란드(4.9%) 등 북유럽 국가와는
비교하기도 어렵다." - 《서울신문》 2021년 10월 26일자 '사설'에서 발췌.

51 사실 정치인이 진보 세력에서 보수 세력으로, 또는 보수 세력에서 진보
세력으로 변하는 것을 비난할 수는 없다. 그러나 자신이 몸담은 세력이
권력을 잃은 후에 새로운 권력 세력에 편입하는 것은 누가 보아도 합리
적이지 않다. 더욱이 그 명분이 불분명할 때는 '부역'이라는 표현을 써도
할 말이 없을 것이다. 그러므로 국립국어원에서도 '부역(附逆)'의 뜻에

"국가에 반역이 되는 일에 동조하거나 가담함"이라는 기존의 뜻 외에도 새로운 뜻을 더해야 할 것이다. "자신의 사적 이익을 위해 자신을 키워준 세력에 반기를 드는 일에 동조하거나 가담함."

52 광해군의 폐위는 명·청 교체기에 조선 수구 세력의 주장에 맞서 신흥 강자 청나라 중심 외교를 펼쳤기 때문이다. 당시의 상황은 오늘날 한반도를 둘러싼 태평양 세력과 대륙 세력 사이의 대립과 본질적으로 같다.

에필로그

53 종부세 과세 대상은 부동산 소유자들인데, 2021년에 거둔 종부세가 총 6조 원에도 미치지 못한다. 고가의 부동산 소유자들에게 6조 원 가운데 절반을 뚝 잘라 되돌려준다고 해서 경제에 무슨 활력이 될지 의심스럽다. 혹시 아파트 분양 시장에는 약간의 도움이 될지 모르겠지만.

54 《한국일보》 2022년 6월 17일자 인터넷판(인현우).

55 오늘날 대만을 독립국으로 인정한 곳은 전 세계적으로 10여 개국에 불과하며, 그 나라들도 남태평양과 카리브해의 섬나라가 대부분이다. 대한민국 역시 대만을 독립국가로 인정하고 있지 않다.

56 이때 군사적 행위는 중국 본토에 대한 군사적 공격을 가리키는 것이 아니다. 세계적인 외교 전문가들에 따르면, 2022년 2월 발생한 러시아의 우크라이나 침공 역시 우크라이나의 나토 가입 움직임과 이에 대한 승인이 결정적인 요인이었다고 보고 있다. 결국 모든 전쟁은 전문가들 사이에서는 사전 조짐을 파악할 수 있다는 말이다. 대만을 사이에 둔 미국과 중국의 열전(熱戰)이 펼쳐진다면 그 계기는 대만에 미국의 공격용 대량 살상무기 배치, 중국 방공망(防空網)을 무력화할 미국의 첨단무기 배치, 대만의 독립 선언 등이 될 것이라는 게 중론이다.

57 《주간조선》 2022년 1월 5일자 인터넷판(지해범).

58 글로벌 파이어파워(Global Firepower, GFP) 2022년판.

59 《프레시안》 2022년 5월 26일자(박인규).

60 《뉴시스》 2022년 6월 8일자(신정원).

61 '토포악발(吐哺握發)'이란, 중국의 주공이 식사 때나 목욕할 때 내객이 있으면 먹던 것을 뱉고, 감고 있던 머리를 거머쥐고 영접했다는 데서 유래한 말로, 민심을 챙기고 정무를 보살피기에 잠시도 편안함이 없음을 이르는 말이다.

62 《르몽드 디플로마티크》 2022년 5월호, "지구적 신자유주의가 초래한 우경화"(성일권).